BLETCHLEYPARK

CODEWORD
PUZZLES

BLETCHLEYPARK

This edition was published in 2016 by the Bletchley Park Trust
The Mansion, Bletchley Park, Milton Keynes, MK3 6EB

Copyright © 2014 Arcturus Publishing Limited
Puzzles copyright © 2014 Puzzle Press Ltd

ISBN: 978-1-78404-412-1
AD004281NT

Cover design by Rose
Printed in the UK

CONTENTS

INTRODUCTION

During World War Two, Bletchley Park was a workplace to thousands of people whose job it was to read the encrypted messages of its enemies. Towards the end of 1941, a crossword puzzle competition was organised by the Daily Telegraph. The challenge was to complete the puzzle in under 12 minutes. A Mr Gavin, Chairman of the Eccentrics Club offered to donate £100 to the Minesweepers Fund, if it could be done under controlled conditions. As a number of the competitors were subsequently invited to take part in intelligence work at Bletchley Park, puzzles and Codebreaking have been linked in the public mind ever since the exploits of Bletchley Park's Codebreakers became public knowledge.

Codebreaking is very much a puzzle solving process and the codes and ciphers used are similar to the most common types of puzzles such as crosswords, word searches and sudoku. In many cases, the Codebreakers of Bletchley Park were looking for patterns in the problem before them, much like puzzle solvers today. Both often also base their solutions on clues. For example, a simple code might represent words by something else such as strings of numbers. In this case, the clue may lie in the frequency of certain strings of numbers occurring in the encrypted message. Straight or quick crossword clues are simple definitions of the answers so the clue lies in the definition provided. A more difficult cipher might replace each letter in a message with another letter of the alphabet twice, a so-called double-encryption. This is a bit like cryptic crosswords in which the clues are puzzles in themselves.

Encrypted WW2 enemy messages were usually transmitted in groups of letters, typically 4 or 5 in length. So when the letters were decrypted, they would still be in these letter groups but some letters might be missing. The Codebreakers would then have to piece the actual words of the message together. This is a bit like a 'fill-in-the-blank' clue in crosswords or word search puzzles.

So you see puzzle solving is synonymous with the profound intellectual feat and remarkable brains of those whose work at Bletchley Park is said to have helped shorten WW2 by up to two years. Following in this long-held tradition, the Bletchley Park Trust has today produced this series of Puzzle Books so that you can follow in the footsteps of the Codebreakers and perhaps establish whether you have the puzzle solving skills needed to have worked at wartime Bletchley Park...

26	18	9	4	2	22	9	■	4	2	23	1	9	15	11
22	■	13	■	6	■	6	■	2	■	14	■	6	■	2
5	14	2	3	1	15	9	9	14	■	2	■	26	■	7
7	■	1	■	10	■	23	■	23	2	23	16	5	1	15
15	■	4	17	9	26	15	17	9	■	2	■	4	■	17
26	14	22	11	■	14	■	■	14	9	25	9	9	22	4
15	■	■	5	26	23	1	3	11	■	1	■	■	26	■
9	13	14	9	4	4	■	2	■	23	6	26	22	5	4
■	12	■	■	4	■	4	9	8	7	9	6	■	■	7
4	7	19	20	9	23	15	■	■	14	■	22	9	12	25
12	■	7	■	14	■	7	4	9	6	9	4	4	■	25
9	24	23	1	15	9	25	■	26	■	14	■	23 **C**	■	9
9	■	16	■	1	■	9	12	15	9	14	15	26 **A**	1	12
21	■	6	■	10	■	12	■	9	■	2	■	5 **P**	■	6
9	6	9	22	9	12	15	■	12	7	14	4	9	14	11

A B C D E F G H I J K L M

N O P Q R S T U V W X Y Z

Reference Box

1	2	3	4	5 **P**	6	7	8	9	10	11	12	13
14	15	16	17	18	19	20	21	22	23 **C**	24	25	26 **A**

24	21	19	22	18	10		6	10	21	26	21	16	21	26
8			8		8			11		21		25		21
6	8	19	7	21	26	5	13	24		17		20		5
21			7		25		23	8	23	13	24	11	18	21
26	11	4	21		2	8	8			21				4
	25		20		8		19	21	6	20		8		18
23 **P**	26	21	20	21	19	18		14		18	11	19	22	8
11 **A**		21		19		8	16	11		21		13		26
26 **R**	21	24	25	4		19		15	8	7	21	20	18	12
11		20		8	9	21	12		5		19		13	
4				13			21	24	5		3	25	9	21
10	21	7	8	19	25	20	18		24		8			19
13		21		18		1	25	24	8	9	12	18	21	20
18		11		21		25			11		21			13
21	11	26	7	26	13	15	20		7	21	7	13	4	21

A B C D E F G H I J K L M

N O P Q R S T U V W X Y Z

Reference Box

1	2	3	4	5	6	7	8	9	10	11 **A**	12	13
14	15	16	17	18	19	20	21	22	23 **P**	24	25	26 **R**

11	24	8	4	4	8	2	12	25		2	7	16	8	2
24		26		10		8		7		25		8		10
12	25	12	20	26		5	8	16	18	12	19	22		24
15		19		9		8		23		20		2		16
22	25	8	19	8	9	25	22		9	8	21	22	2	18
		16		22			3		16					25
21	6	8	16		20	22	14	24	5	22	16	12	18	22
12		16		2		2		3		18		3		21
1	8	19	24	20	22	6	22	12	17		12	3	22	21
22				8		10				1		25		
19	25	10	10	26	7		2(C)	12(A)	3(P)	12	2	8	18	7
24		23		8		19		20		2		2		8
12		8	19	16	22	10	24	21		18	20	12	2	22
20		17		12		16		10		10		16		25
17	13	22	25	25		19	22	16	22	20	12	18	22	17

A B C D E F G H I J K L M

N O P Q R S T U V W X Y Z

Reference Box

1	2 C	3 P	4	5	6	7	8	9	10	11	12 A	13
14	15	16	17	18	19	20	21	22	23	24	25	26

A codeword puzzle grid (15 × 15). Filled-in letters: cell value 9 = P, 17 = E, 25 = R.

26	18	21	11	18	9	14	17	21	■	12	■	4	■	25
25	■	■	16	■	16	■	13	■	22	16	7	25	21	17
16	13	17	25	21	14	17	17	9	■	4	■	7	■	9
23	■	■	9	■	1	■	■	16	25	4	7	6	2	7
21	24	25	16	6	4	8	16	20	■	17	■	26	■	18
1	■	■	25	■	7	■	7	■	■	25	■	9	■	25
■	3	10	7	4	5	18	25	17	■	21	6	7	15	17
9	■	■	24	■	1	■	21	■	11	■	10	■	■	26
17	20	9 (P)	17	14	■	17	5	9	22	7	24	18	11	■
6	■	17 (E)	■	18	■	■	7	■	7	■	25	■	■	25
18	■	25 (R)	■	8	■	17	6	10	6	11	18	7	24	17
24	7	19	19	17	24	7	■	■	4	■	5	■	■	24
17	■	16	■	25	■	24	7	20	18	26	17	25	5	1
6	16	25	5	7	14	■	18	■	6	■	6	■	■	9
24	■	5	■	14	■	26	25	10	4	21	24	16	25	17

A B C D E F G H I J K L M

N O P Q R S T U V W X Y Z

Reference Box

1	2	3	4	5	6	7	8	9 P	10	11	12	13
14	15	16	17 E	18	19	20	21	22	23	24	25 R	26

5

6		26		8		14	13	25	26	8	5	8	2	20
15	5	9	2	20		15			24		15		16	
24		20		22	8	4 **L**	2 **A**	14 **P**	8	22	2	21	9	22
4	2	21	13	9		25			21		21		20	
		8		18		14	26	25	5	13	8	5	2	4
2	4	18	15	20	22		3		13			15		2
22		9		8			23			21	9	20	15	20
1		20		7	16	9	9	17	9	16		10		5
9	20	21	16	25			4			9		23		9
16		2		7			5		18	2	11	20	9	21
6	23	4	4	7	8	11	13	21		26		5		
	20		8		20		8		23	20	21	8	4	
22	8	26	21	16	8	6	23	21	15	16		8		9
	21		13		26		4		9	1	15	12	9	
19	25	4	15	14	13	15	20	9		16		20		12

A B C D E F G H I J K L M
N O P Q R S T U V W X Y Z

Reference Box

| 1 | 2 **A** | 3 | 4 **L** | 5 | 6 | 7 | 8 | 9 | 10 | 11 | 12 | 13 |
| 14 **P** | 15 | 16 | 17 | 18 | 19 | 20 | 21 | 22 | 23 | 24 | 25 | 26 |

6

5	2	3	18	■	10	2	7	23	4	■	8	19	23	4
23	■	■	5	21	23	■	5	■	23	■	■	13	■	20
4	2	22	2	■	19	8	13	22	2	7	■	18	■	13
7	■	■	11	■	26	■	4	■	■	4	7	23	5	19
2	■	5	2	6	23	■	4	8	10	2	■	■	8	■
13	4	23	■	3	■	26	■	26	■	5	3	16	23	5
5	■	16	■	4	8	2	5	23	18	■	■	23	■	23
2	11	2	4	4	■	9	■	17	■	4	20	5	13	22
19	■	11	■	■	26	8	5	8	19	2	■	4	■	23
7	8	24	2	1	■	17	■	7	■	5	■	13 U	5 R	19 N
■	20	■	■	23	21	23	4	■	4	3	24	4	■	23
13	11	14	5	2	■	■	15	■	24	■	5	■	■	5
19	■	2	■	17	2	26	13	19	2	■	8	6	5	2
3	■	5	■	■	25	■	3	■	7	2	12	■	■	7
7	3	19	21	■	19	13	18	22	23	■	21	8	6	23

A B C D E F G H I J K L M

N O P Q R S T U V W X Y Z

Reference Box

1	2	3	4	5 **R**	6	7	8	9	10	11	12	13 **U**
14	15	16	17	18	19 **N**	20	21	22	23	24	25	26

23	10	9	9	23		13	6	17	10	20	2	19	17	12
1		17		13		6		12		26				10
12	10	25	9	17	25	10	12	2		10	9	24	10	26
20		6		23		20		10		12		22		3
9	19	2	10	23	2		16	26	19	18	10	12	9	22
7				7		13		2		22		19		
8	19	20	10	26		6	19	8	4		23	11	1	25
10		17		23		17		17		16		17		19
26	19	26	10		23	13	19	12		10	21	13	10	9
		10		13		4		10		14				9
5	19	11	16	7	26	10	10		2	1	12	24	26	19
1		19		26		12		2 **T**		10		26		12
9	1	12	19	26		15	26	10 **E**	3	19	9	10	12	2
10				19		7		12 **N**		2		19		26
15	10	26	15	9	10	21	10	24		6	19	11	11	22

A B C D E F G H I J K L M

N O P Q R S T U V W X Y Z

Reference Box

| 1 | 2 **T** | 3 | 4 | 5 | 6 | 7 | 8 | 9 | 10 **E** | 11 | 12 **N** | 13 |
| 14 | 15 | 16 | 17 | 18 | 19 | 20 | 21 | 22 | 23 | 24 | 25 | 26 |

8

25 M	3	19	8	2	17	18	19	25	■	1	3	2	10	4
10 E	■	3	■	3	■	20	■	18	■	23	■	3	■	10
16 T	8	26	18	20	■	9	10	20	10	14	18	2	■	3
10	■	18	■	2	■	8	■	26	■	6	■	16	■	16
14	10	11	12	10	2	16	19	■	5	10	20	18	16	17
■	■	14	■	14	■	■	■	19	■	15	■	■	■	16
13	10	3	22	■	3	23	2	16	18	8	20	10	10	14
17	■	9	■	25	■	20	■	15	■	14	■	24	■	3
10	26	10	2	23	16	18	6	10	19	■	7	23	25	1
16	■	■	■	12	■	16	■	■	■	25	■	18	■	
19	17	3	21	21	15	■	18	25	25	8	14	16	3	12
16	■	25	■	10	■	25	■	3	■	14	■	3	■	18
8	■	1	10	14	11	8	14	25	■	3	12	21	23	25
20	■	12	■	14	■	19	■	21	■	12	■	12	■	18
10	25	10	14	15	■	19	16	3	16	10	25	10	20	16

A B C D E F G H I J K L M

N O P Q R S T U V W X Y Z

Reference Box

1	2	3	4	5	6	7	8	9	10 E	11	12	13
14	15	16 T	17	18	19	20	21	22	23	24	25 M	26

23	4	17	24	9	4		21		4		4	20	11	2
4		11		14		1	14	5	7	4	26			14
9	4	18	4	10	19	14	25		11		15	22	4	9
25		4		4		20		23	19	24	23			10
19	24	5	18	22	1	24	10	4			4	24	22	4
	18				15			19	4	4	9			18
23	15	2	2	4	9	23	24	19	19		24	19	22	14
	19		11		22		9		24		5		10	
22	2	24	13		14	1	1	15	10	24	2	11	14	5
16			16	4	9	14			22				14	
15	5	11	2			20	24	12	4	22	16	11	3	2
2			5	15	20	23		11		17		5		24
2(T)	15(U)	23(B)	4		15		24	5	2	11	8	15	4	22
19			22	16	9	4	17	18		22		9		2
4	23	23	22		12	19		17	16	4	4	6	25

A B C D E F G H I J K L M

N O P Q R S T U V W X Y Z

Reference Box

| 1 | 2 T | 3 | 4 | 5 | 6 | 7 | 8 | 9 | 10 | 11 | 12 | 13 |
| 14 | 15 U | 16 | 17 | 18 | 19 | 20 | 21 | 22 | 23 B | 24 | 25 | 26 |

14

12	23	16	10	19	■	4	24	12	25	18	16	12	10	14
18	■	18	■	24	■	11	■	24	■	10			■	10
17	11	24	15	15	24	7	10	14	■	16	18	10	7	23
11	■	9	■	10	■	26	■	21	■	23	■	17	■	3
18	9	12	11	16	18	■	3	18	9	3	5	11	12	18
12	■		■	4	■	24	■	16	■	8	■	10	■	
23	10	25	24	16	■	9	18	19	12	■	12	23	11	1
18	■	5	■	8	■	13	■	10	■	12 **S**	■	24	■	11
16	11	9	2	■	12	14	11	16	■	11 **U**	9	7	11	23
■		23	■	26	■	18	■	18	■	25 **P**			■	23
10	25	5	25	14	18	22	8	■	10	25	5	2	18	18
6	■	5	■	10	■	24	■	20	■	5	■	14	■	16
10	9	9	18	22	■	1	5	5	26	12	3	18	14	13
12	■		■	5	■	14	■	24	■	18	■	10	■	14
12	18	21	18	9	23	18	18	9	■	4	11	6	25	8

A B C D E F G H I J K L M

N O P Q R S T U V W X Y Z

Reference Box

| 1 | 2 | 3 | 4 | 5 | 6 | 7 | 8 | 9 | 10 | 11 **U** | 12 **S** | 13 |
| 14 | 15 | 16 | 17 | 18 | 19 | 20 | 21 | 22 | 23 | 24 | 25 **P** | 26 |

11

11		22		1		17	2	20	17	13	23	17	9	11
22 W	15	23	11	11	19	17		23		23		3		17
23 I		19		8		19	8	5	16	26	11	23	18	17
11 T		13		20			6		11	17	9		3
11	17	5	11	10	9	23	5	1		16	17	17	19	1
17		26		16		26		23		9		
16	23	11	17		26	19	20	15	26	24	17	11	23	5
17			21		1		17		10
13	23	1	14	8	26	19	23	4	12		22	26	23	19
	3		9		7		8		22		10
20	19	8	5	6		6	17	17	20	1	26	6	17	1
23		25	8	12		15		26		22		11
26	25	25	16	26	18	26	11	17		24		26		10
9		19		16		6		22	10	19	4	16	26	3
10	18	17	16	13	16	23	18	17		17		13		12

A B C D E F G H I J K L M

N O P Q R S T U V W X Y Z

Reference Box

| 1 | 2 | 3 | 4 | 5 | 6 | 7 | 8 | 9 | 10 | 11 T | 12 | 13 |
| 14 | 15 | 16 | 17 | 18 | 19 | 20 | 21 | 22 W | 23 I | 24 | 25 | 26 |

4	22	15	11	18	26	■	4	6	8	3	6	17	22	6
25	■	18	■	15	■	21	■	13	■	17	■	6	■	15
17	6	18	1	3	17	6	■	18	■	16	24	24	11	4
24	■	5	■	4	■	1	20	26	12	26	15	5	■	1
18	26	6	22	6	■	22	■	20	■	18	20	26	11	6
4	■	■	20	■	4	14	6	6	18	■	■	1	■	20
26	11	18	6	7	6	■	13	■	24	3	23	14	1	■
4	■	■	18	■	18	5	3	11	18	■	15	■	■	22
■	24	18	6	20	15	■	7	■	18	24	9	7	6	20
2	■	15	■	■	5	6	6	20	25	■	21	■	■	15
15	13	26	5	4	■	7	■	3	■	23	25	18	4	25
5 (L)	■	17	6	15	20	26	17	23	■	3	■	5	■	10
24 (O)	10	10	15	5	■	19	■	19	15	4	11	15	1	26
18 (P)	■	3	■	12	■	5	■	25	■	1	■	16	■	4
25	6	5	5	24	9	6	7	■	18	24	1	15	4	14

A B C D E F G H I J K L M

N O P Q R S T U V W X Y Z

Reference Box

1	2	3	4	5 (L)	6	7	8	9	10	11	12	13
14	15	16	17	18 (P)	19	20	21	22	23	24 (O)	25	26

16	25	21	14	16	26		23	21	7	1	3	25	16	9
11		26		25		19 **T**		26		21		3		3
13	21	20	6	4		16 **E**	14	3	19	24	3	25	21	26
21		24		21	7	25 **N**		3		12		16		21
25	21	17		25		5	16	22	26	16	6	19	3	20
9		4		6			19		24		3		2	
16	25	19	20	16	13	20	16	25	16	10	20	24	21	26
	16		21		3		20		17		17		13	
17	21	9	19	20	3	16	25	19	16	20	24	19	24	9
	20		16		26		21			21		21		13
10	9	16	26	16	9	9	26	18		15		1	3	3
13		17		20		3		3	1	24		26		25
13	16	20	9	3	25	25	16	26		3	15	16	25	9
16		16		5		24		2		26		21		3
20	16	19	20	16	25	6	4		26	24	8	10	3	20

A B C D E F G H I J K L M

N O P Q R S T U V W X Y Z

Reference Box

1	2	3	4	5	6	7	8	9	10	11	12	13
14	15	16 **E**	17	18	19 **T**	20	21	22	23	24	25 **N**	26

Puzzle **14**

2	22	23	2	19	12	21	22	■	18	26	12	16 **G**	6 **I**	23 **N**
■	23	■	12	■	19	■	12	■	19	■	6	■	■	6
18	25	24	19	10	15	■	2	10	26	4	4	6	23	16
■	14	■	4	■	11	■	1	■	23	■	16	■	■	1
24	■	2	22	8	24	10	6	7	■	21	19	18	7	21
21	■	22	■	■	26	■	4	6	13	26	■	22	■	6
19	14	26	18	7	10	19	■	17	■	23	25	10	22	23
8	■	14	■	26	■	26	■	11	■	16	■	10	■	16
26	10	6	16	23	■	13	■	19	12	22	21	6	2	26
12	■	26	■	24	19	19	7	■	6	■	■	15	■	10
4	19	10	26	25	■	24	6	16	23	6	15	25	■	19
24	■	■	3	■	18	■	2	■	16	■	22	■	16	■
1	6	16	1	20	26	2	5	■	10	26	12	6	26	21
6	■	■	22	■	9	■	19	■	19	■	16	■	21	■
7	6	19	12	2	19	■	21	26	21	21	19	12	19	4

A B C D E F G H I J K L M

N O P Q R S T U V W X Y Z

Reference Box

1	2	3	4	5	6 **I**	7	8	9	10	11	12	13
14	15	16 **G**	17	18	19	20	21	22	23 **N**	24	25	26

Codeword grid:

■	19	2	11	2	19	10	1	20	■	13	■	12	■	5
26	■	■	10	■	3	■	3	8	10	1	7	16	2	
10	22	3	5	3	26	3	23	9	■	1	■	5	■	4
23	■	■	2	■	7	■	■	4	7	12	21	2	16	2
2	23	12	10	25	11	7	9	2	■	7	■	16	■	11
5	■	21	■	■	5	■	■	23	25	23	■	■	■	7
■	12	10	13	2	11	1	2	16	■	10	12	12	25	11
4	■	6	■	■	17	■	6	■	24	■	■	10	■	7
3	16	2	4	8	■	16	2	1	2	9	11	7	4	■
23	■	■	■	2	7	11	■	■	10	■	■	16	■	10
3	■	14	■	4	■	10	25	16	15	7	12	3	23	9
12	11	25	12	3	7	1	■	■	7	■	10	■	■	1
7	■	7	■	23	■	1	25	18	11	3	12(C)	7(A)	16(T)	2
18	25	20	20	7	1	10	■	■	5	■	10	■	■	5
8	■	20	■	1	■	15	1	7	17	4	7	16	2	

A B C D E F G H I J K L M

N O P Q R S T U V W X Y Z

Reference Box

1	2	3	4	5	6	7 A	8	9	10	11	12 C	13
14	15	16 T	17	18	19	20	21	22	23	24	25	26

16

20	14	4	19	16	12	7	3		11	2	24	9	15	20
15		15		15			12			6		24 **T**			19
25	15	7	15	4	18		3	19	9	24	4	19 **I**	25	24
4		8		8		23		20		4		20 **M**			2
14	4	2	8	15	7	14		1	22	15	5	12	2	
		4		19		4	10	2	15			22		21
16	19	9	14	7		20		3	19	9	22	19	26	2
15			17		20	19	20	19	25		18			9
4	2	22	15	6	2	3		20		3	2	1	14	24
16		15			7	15	20	2		2		4		
	10	12	16	16	12	16		7	12	25	22	2	12	9
13		7		4		22		24		22		20		19
2	7	3	8	15	20	2	9		20	15	22	19	8	7
2		4		13		15			4		9			12
1	22	18	19	7	8		25	4	2	2	1	2	4	9

A B C D E F G H I J K L M

N O P Q R S T U V W X Y Z

Reference Box

1	2	3	4	5	6	7	8	9	10	11	12	13
14	15	16	17	18	19 **I**	20 **M**	21	22	23	24 **T**	25	26

16	6	11	23	3	19	9		25	20	17	24	23	13	19
13		1				7		4		23				20
19	11	23	21	21	17	23	13	19 **G**		6	1	16	18	23
20		13		20		11		16 **A**		11		17		13
25	1	20	3	3	14		19	11 **R**	20	16	13	23	13	19
5				23		12			17			19		
4		15	4	16	11	11	23	9	3		5	1	4	19
11		4		10		9		17		24		5		9
16	8	9	2		22	9	9	26	3	16	14	25		13
		17			20			25		13				9
18	20	17	17	23	9	25	5		19	23	13	19	9	11
4		9		7		23		11		25		9		16
7	9	3	23	16		19	11	16	8	1	23	10	16	17
8				19		1		13				26		17
25	1	16	3	20	22	25		19	9	20	17	20	19	14

A B C D E F G H I J K L M

N O P Q R S T U V W X Y Z

Reference Box

| 1 | 2 | 3 | 4 | 5 | 6 | 7 | 8 | 9 | 10 | 11 **R** | 12 | 13 |
| 14 | 15 | 16 **A** | 17 | 18 | 19 **G** | 20 | 21 | 22 | 23 | 24 | 25 | 26 |

11	25	21	2	8	22		11		11	2	8	8	23	15
25		9			9	11	2	26	15		25		2	
8	15	1	15	11	22		26		1		14		14	
25		11 **R**			24		22	21	11	2	26	1	15	11
11		2 **I**		14	2	14	15		7			11		15
	2	8 **D**	15	25		25		6		22	24	2	6	1
16				18	25	11	26	2	22	24		15		25
15	23	6	2	26		11		19		15	2	8	15	11
19		2		9	26	15	20	9	25	23				8
19	9	4	17	14		8		23		5	15	15	11	
15		15			22		21	25	5	15		14		8
8	2	11	15	10	1	23	7		7			19		2
	26		11		25		23		2	26	13	15	10	1
	10		26		12	26	17	16	26			8		1
16	24	15	15	3	15		26		18	11	2	22	23	7

A B C D E F G H I J K L M

N O P Q R S T U V W X Y Z

Reference Box

1	2 **I**	3	4	5	6	7	8 **D**	9	10	11 **R**	12	13
14	15	16	17	18	19	20	21	22	23	24	25	26

19

10 C	19 H	6 I	22	21	1	11	20	11		5	21	6	15	20
11		15		25		14		8		25		8		6
20	11	10	6	20		22	6	10	15	6	10	18	2	23
10		25		23		2		19		10				11
11	6	8	3	21	8	15	2		7	2	11	14	2	1
1			8		6		13		2		9		26	
1		8	11	10	10	21	21	15	14		21	24	6	20
	3		9		19		20		20		7		20	
3	2	20	11		2	22	6	23	2	24	6	10		7
	2		23		14		14		8		15			6
2	16	16	21	8	20		24	11	15	11	13	6	15	13
24				21		6		23		24		8		13
24	6	14	17	25	21	20	2	23		11	20	21	1	1
2		19		13		10		2		4		15		2
20	19	12	24	2		19	11	8	15	2	14	14	2	23

A B C D E F G H I J K L M

N O P Q R S T U V W X Y Z

Reference Box

1	2	3	4	5	6 I	7	8	9	10 C	11	12	13
14	15	16	17	18	19 H	20	21	22	23	24	25	26

20

7		20		10	15	20	6	7	13	12	9	14	13	10
24	6	11	20	12		14		12			14		3	
21		21		20	21	22	26	10	25		21	10	10	2
10	20	6	24	18		23			6		8		14	
3		19		6		5 B	14 A	21 R	21	14	24	2	7
		14		21	22	24	10		19			14		16
17	12	23	4	22			24		10		4	12	21	12
14		22		14	17	17	14	22	21	7		9		14
24	21	14	5		6		12			13	18	22	21	25
22		24			21		7	6	11	14		17		
14	7	7	10	19	5	9	10			19		9		5
	10		14		22			1		20	21	6	8	10
5	21	14	4		25	14	19	14	4	10		3		9
	8		10			24		19		25	3	10	9	9
24	6	21	21	12	20	13	22	5	9	10		21		11

A B C D E F G H I J K L M

N O P Q R S T U V W X Y Z

Reference Box

| 1 | 2 | 3 | 4 | 5 B | 6 | 7 | 8 | 9 | 10 | 11 | 12 | 13 |
| 14 A | 15 | 16 | 17 | 18 | 19 | 20 | 21 R | 22 | 23 | 24 | 25 | 26 |

17	26	9	6	26	20	15	■	9	7	6	23	1	9	26
10 **P**	■	17	■	20	■	8	■	1	■	9	■	8	■	8
23 **O**	10	10	23	12	20	12	26	17	■	10	■	2	■	21
26 **T**	■	8	■	23	■	22	■	20	15	8	18	8	7	20
26	■	7	23	12	25	23	8	12	■	15	■	12	■	19
20	■	■	10	■	9	■	■	7	9	19	7	8	18	3
15	23	10	20	■	7	23	10	20	■	3	■	■	9	■
■	1	■	12	■	2	■	■	13	■	26	■	19	■	
■	23	■	■	10	■	10	23	2	20	■	9	11	19	20
17	20	5	14	23	8	9	■	■	26	■	10	■	■	11
24	■	14	■	6	■	15	8	17	23	1	20	3	■	26
9	19	20	6	26	20	15	■	10	■	23	■	20	■	6
15	■	14	■	8	■	23	13	20	6	22	6	9	4	20
23	■	20	■	7	■	7	■	19	■	20	■	17	■	21
16	20	15	19	23	7	2	■	19	9	3	20	26	26	20

A B C D E F G H I J K L M

N O P Q R S T U V W X Y Z

Reference Box

1	2	3	4	5	6	7	8	9	10 **P**	11	12	13
14	15	16	17	18	19	20	21	22	23 **O**	24	25	26 **T**

7	21	12	26	24	12		7	1	24	11	5	19	20	5
1			2		24			9		7		24		24
21	16	24	3	26	1	24	25	15		21		11		19
8			12		2		20	19	13	20	21	5	24	23
24	16	4	25		16 V	2 A	19 N			19				24
	24		24		24		6	25	2	23		4		3
24	18	5	3	20	23	24		4		3	2	23	4	4
19		3		19		16	4	15		24		24		14
22	21	20	11	5		24		17	20	25	11	2	5	24
21		24		2	20	3	2		19		1		1	
9			7			16	2	5		21	16	24	19	
2	23	23	4	5	4	16	24		20		3		4	
12		24		10		4	3	21	19	11	5	21	19	24
25		2		20		7			24		24			7
24	19	10	21	25	23	24	23		23	24	3	4	16	24

A B C D E F G H I J K L M

N O P Q R S T U V W X Y Z

Reference Box

1	2 A	3	4	5	6	7	8	9	10	11	12	13
14	15	16 V	17	18	19 N	20	21	22	23	24	25	26

23

9	22	13	18	19	4	11	21	19	■	13	5	10	18	4
14	■	5	■	26	■	25	■	8	■	5	■	25	■	25
26	14	8	21	13	■	9	22	14	6	24	5	13	■	13
19	■	18	■	21	■	20	■	6	■	14	■	23	■	7
5	24	15	5	6	21	1	19	■	17	25	13	5	21	25
■	■	18	■	8	■	■	■	14	■	17	■	■	■	14
21	16	14	6	■	4	14	13	4	5	8	8	18	12	18
26	■	25	■	8 **L**	■	3	■	18	■	5	■	19	■	19
26	5	19	4	18 **I**	8	5	12	9	5	■	2	14	20	5
8	■	■	■	4 **T**	■	12	■	■	■	8	■	8	■	
18	17	5	3	5	19	■	21	19	26	18	13	21	4	5
9	■	21	■	13	■	19	■	26	■	12	■	4	■	11
21	■	19	11	21	8	8	5	13	■	12	21	18	16	5
12	■	5	■	13	■	18	■	18	■	5	■	14	■	12
4	21	8	8	1	■	4	18	15	22	4	5	12	5	24

A B C D E F G H I J K L M

N O P Q R S T U V W X Y Z

Reference Box

1	2	3	4 **T**	5	6	7	8 **L**	9	10	11	12	13
14	15	16	17	18 **I**	19	20	21	22	23	24	25	26

28

19	13	11	23	25	7	14	9	25		1		25		25
25		13		19		25		12	11	6	26	14	3
14	26	9	24	11	25	26	5	20		8		10		14
8		16		25			23	2	11	14	6	12	23
19	17	3	25	6	24	14	26	15		24		17		13
12		6		14		25			20		3		16
	12	19	14	26	26	25	23	12		6	25	12	14	25
23		26		8		12		16		20		23
25	24	25	8	17		13	18	23	25	6	21	25	6	
26		26		14		13		10		25			18
14		23		25		25	4	3	20	26	23	14	21	25
24	20	26	13	24	14	26			22		16		20
14		20		16		16	14	20	3	19	6	20	8	22
12	11	6	15	25	17		6		25		13		25
17		24		16		6	25	20	16	13	3	12	25	16

A B C D E F G H I J K L M

N O P Q R S T U V W X Y Z

Reference Box

1	2	3	4	5	6	7	8	9	10	11	12	13
14 I	15	16	17	18	19	20	21	22	23	24 L	25	26 N

25

26		14		3		21	7	15	13	15	20	2	10	1
12	21	18	10	5		2			18		7		6	
5		24		23	3	4	3	7	5	15	12	16	24	6
15	24	2	17	18		4			2		18		15	
		19		7		3	19	25	12	2	7	2	10	1
11	7	2	11	18	5		15		13			13		3
15		20		10			10			19	3	21	18	7
22		3		19	3	10	20	3	20	3		15		3
24	3	20	23	18			18			20		7		1
18		18			23		9		13	3	10	20	24	18
7	18	5	2	7	18	19	20	16		13 (M)		3		
	21		10		19			3		3 (A)	19	20	15	7
23	15	12	16	18	8	18	18	21	18	7 (R)		2		18
	19		18		24			2		3	7	15	13	3
19	23	3	20	20	18	7	18	5		10		10		13

A B C D E F G H I J K L M

N O P Q R S T U V W X Y Z

Reference Box

1	2	3 A	4	5	6	7 R	8	9	10	11	12	13 M
14	15	16	17	18	19	20	21	22	23	24	25	26

13	22	18	8		11	23	15	12	20		19	22	13	13
9			22	16	23		20		9			19		21
3	21	21	7		22	19	13	21	3	17		8		21
17			23		26		21			9	19	11	8	23
8		11	1	21	8		21	19	22	13			3	
7	21	5		17		13		13		13	21	23	9	11
10		22		8	13	15	14	15	7			7		9
22	19	23	13	4		6		22		11	13	21	21	19
24		1		16	9	12	12	8	13		21		19
2	12	8	8	13		15		23		21		19	22	13
	21		8	25	25	4		13	8	12	11		8
25	7	22	3	22			9		22		4		3
9		23		16	22 A	13	24	21	12		3	21	13	8
19		21		13 L		24		24	22	19			12
8	11	19	4		19 P	13	22	23	8		1	22	13	23

A B C D E F G H I J K L M

N O P Q R S T U V W X Y Z

Reference Box

1	2	3	4	5	6	7	8	9	10	11	12	13 L
14	15	16	17	18	19 P	20	21	22 A	23	24	25	26

27

19	8	23	24	19	■	2	3	18	15	23	26	18	5	15
24	■	7	■	24	■	17	■	23	■	11	■	■	■	2
13	5	8	2	9	26	5	21	16	■	2	6	7	23	1
2	■	18	■	17	■	19	■	1	■	8	■	8	■	10
15	7	19	18	1	2	■	15	2	24	7	16	1	10	26
10	■	■	■	23	■	25	■	19	■	2	■	7	■	■
26	1	10	24	19	■	15	5	24	2	■	10	26	2	4
23	■	8	■	19	■	2	■	5	■	1	■	12	■	5
1	10	19	24	■	14	2	15	5	■	23	16	9	19	21
■	■	10	■	24 **P**	■	1	■	8	■	8	■	■	■	10
23	24	24	15	5 **O**	11	23	1	■	23	4	20	5	10	8
22	■	10	■	18 **T**	■	8	■	19	■	19	■	3	■	23
23	4	4	1	2	■	26	5	21	24	1	23	10	8	18
19	■	■	■	8	■	2	■	7	■	10	■	4	■	2
13	2	23	15	18	13	15	7	17	■	24	1	2	23	4

A B C D E F G H I J K L M

N O P Q R S T U V W X Y Z

Reference Box

| 1 | 2 | 3 | 4 | 5 **O** | 6 | 7 | 8 | 9 | 10 | 11 | 12 | 13 |
| 14 | 15 | 16 | 17 | 18 **T** | 19 | 20 | 21 | 22 | 23 | 24 **P** | 25 | 26 |

32

5	11	13	13	16	13	22	26	11	■	4	1	3	22	15
24	■	22	■	3	■	12	■	7	■	3	■	12	■	22
15	11	8	11	1	■	17	3	25	3	10	11	3	■	23
9	■	11	■	25	■	11	■	23	■	26	■	19	■	12
11	3	23	18	11	1	13	16	■	10	3	12	11	1	3
■	■	3	■	15	■	■	4	■	10	■	■	■	■	25
11	25	21	16	■	23	2	11	11	18	6	11	3	1	18
20	■	11	■	4	■	22	■	3	■	11	■	4	■	13
10	7	1	1	11	23	17	7	25	15	■	10	3	8	11
6	■	■	■	3	■	11	■	■	■	10	■	18	■	■
11	25	10	7	1	11	■	10(C)	3(A)	4(B)	22	25	11	18	23
14	■	3	■	22	■	10	■	25	■	1	■	12	■	17
24	■	1	3	25	23	3	10	26	■	10	1	11	17	11
11	■	7	■	9	■	12	■	13	■	13	■	25	■	11
1	11	4	24	23	■	17	1	11	23	11	25	18	11	15

A B C D E F G H I J K L M

N O P Q R S T U V W X Y Z

Reference Box

1	2	3 A	4 B	5	6	7	8	9	10 C	11	12	13
14	15	16	17	18	19	20	21	22	23	24	25	26

16	9	25	10	16	8		14		11		1	18	14	8
26		9		18		13	20	23	7	3	18			24
20	3	13	18	8	20	9	3		20		10	9	17	20
8		21		15		20		8	15	9	6			15
22	20	8	2	18	3	12	25	21			18	14	7	15
	12				20			25	7	25	25			25
6	20	15	23	2	23	26	18 **A**	19	15		24	20	15	21
	9		7		21		8 **S**		22		21		2	
8	15	7	14		8	23	2 **H**	9	9	25	26	9	9	22
3			14	18	15	2			8				8	
9	3	25	10			18	14	8	15	18	20	3	21	12
9			2	21	25	16		16		6		21		9
5	21	26	9		21		8	7	19	19	20	4	21	12
21			25	18	15	2	21	26		7		7		17
12	9	8	21		8		18		8	25	7	8	2	10

A B C D E F G H I J K L M

N O P Q R S T U V W X Y Z

Reference Box

1	2 **H**	3	4	5	6	7	8 **S**	9	10	11	12	13
14	15	16	17	18 **A**	19	20	21	22	23	24	25	26

30

2	4	14	17	26	■	21	16	20	16	22	6	8	12	25
18	■	12	■	18	■	22	■	12	■	11	■	■	■	16
15	16	8	26	6	18	5	26	16	■	26	12	24	11	26
21	■	22	■	6	■	7	■	11	■	16	■	22	■	12
4	8	21	26	18	6	■	3	18	9	3	16	6	7	21
24	■	■	■	14	■	4	■	6	■	8	■	24	■	■
4	24	18	14	16	■	8	16	25	12	■	6 **R**	22 **U**	24 **M**	11
5	■	10	■	8	■	13	■	4	■	12	■	6	■	12
12	19	12	21	■	1	22	23	23	■	24	4	21	12	6
■	■	6	■	22	■	4	■	12	■	1	■	■	■	21
18	5	18	6	24	4	21	26	■	14	18	26	12	18	22
26	■	14	■	5	■	4	■	24	■	5	■	26	■	18
16	24	12	14	18	■	26	6	4	22	24	11	17	12	25
24	■	■	■	22	■	16	■	5	■	12	■	4	■	12
21	18	22	8	26	12	6	12	25	■	25	4	15	12	25

A B C D E F G H I J K L M

N O P Q R S T U V W X Y Z

Reference Box

1	2	3	4	5	6 **R**	7	8	9	10	11	12	13
14	15	16	17	18	19	20	21	22 **U**	23	24 **M**	25	26

18		7		7		1	2	21	20	17	1	26	20	3
26	19	16	1	26	8			5		20		18		15
20		26		2		7	11	26	20	26 A	7 C	8 T	21	20
7		8		21			16		18		21		8	
15	18	8	21	20	12	21	7	8		7	26	18	3	13
23		21		18			26		11		18			
23	1	20	8		1	17	16	15	8	21	20	26	8	21
9				19			7			3				2
23	1	9	17	20	15	14	9	21	8		26	7	18	21
		6		21			16			17		26		20
16	15	25	11	8		7	15	20	7	9	15	8	20	13
1		20		10		11				7		19		17
25	16	26	22	1	20	15	4	21		24		15		1
15		3		20		18			7	21	26	23	21	3
7	11	21	7	24	22	26	8	21		8		11		13

A B C D E F G H I J K L M

N O P Q R S T U V W X Y Z

Reference Box

1	2	3	4	5	6	7 C	8 T	9	10	11	12	13
14	15	16	17	18	19	20	21	22	23	24	25	26 A

23	17	9	2	10	7		14	10	1	23	10	2	25	2
17		19		22				14		1		26		26
9	14	10	1	17	21	20		14		10	6	1	17	7
10		13		25		10	1	1	25	8		14		25
9	12	26	10	2		7		4		9	3	4	10	23
12			1		1	26	21	26	8		1		5	
26	14	24	26	2	10		25		1	10	14	5		
1			21		11	25	17	14	26		4			14
		18	10	23	26		9		14 **C**	4 **U**	1 **R**	23	7	26
9		25			9	6	26	14	13		17			7
7	5	21	14	19		25		7		7	25	14	10	7
17		3		25	22	17	23	26		4		25		4
14	1	4	2	16		9		15	10	14	12	4	10	7
26		17		16		25			17		1		10	
23	26	7	10	5	17	21	20		26	23	17	12	25	1

A B C D E F G H I J K L M

N O P Q R S T U V W X Y Z

Reference Box

1 R	2	3	4 U	5	6	7	8	9	10	11	12	13
14 C	15	16	17	18	19	20	21	22	23	24	25	26

2	8	14	22	20	25		6	25	15	15	25	20	12	9
14		20		18		22		3		10		18		18
10	15	12	9	11		12	9	8	9	4	10	23	25	2
15		25		24	10	16		12		13		8		25
8	13	9		10		12	26	15	13	25	2	2	25	4
20		23		26			18		8		10		9	
10	2	2	10	2	2	12	9		26	12	9	8	23	25
	10		23		3		11		17		4		25	
2	8	4	18	22	8		13	25	10	17	2	18	13	17
	14		9		12		25			10		5		20
19	1	15 (P)	25 (E)	13 (R)	17	18	20	25		8		25	26	8
18		10		25		4		26	12	7		13		13
15	25	15	15	25	13	18	9	12		12	9	21	25	13
25		10		4		8		13		23		25		25
4	25	20	8	2	18	13	1		16	25	20	4	25	4

A B C D E F G H I J K L M

N O P Q R S T U V W X Y Z

Reference Box

1	2	3	4	5	6	7	8	9	10	11	12	13 R
14	15 P	16	17	18	19	20	21	22	23	24	25 E	26

34

17	3	12	5	20	18	19	4		24	13	1	12	18	7
	11		22		12		11		13		13			19
21	25	5	11	25	3		7	6	3	3	25	15	19	15
	18		3		25		3		20		3			7
16		21	3	6	20	18	25	17		14	25	11	10	12
18		25			12		6	13	16	11		3		26
12	9	20	18	19	23	12		3		17	11	3	25	19
25		19		3		4		6		12		12		12
7	20	13	11	5		25		17	25	18	25	16	13	2
12		19		12	10	11	3		23			25		5
17	13	7	12	18		3	11	20	12	18	25	3		12
							L	I	T					
25			4		21		20		17		2		3	
11	16	2	13	18	25	2	20		20	13	2	7	11	3
2			20		8		12		3		19		17	
20	22	11	12	10	12		18	13	6	25	3	11	7	20

A B C D E F G H I J K L M

N O P Q R S T U V W X Y Z

Reference Box

1	2	3 L	4	5	6	7	8	9	10	11 I	12	13
14	15	16	17	18	19	20 T	21	22	23	24	25	26

	21	13	11	17	9	7	13	10		18		15		26
15			3		2			9	7	13	5	3	22	13
16	1	4	23	9	11	13	9	12		23		10		5
3			9		9			6	16	23	19	13	12	5
17	7	3	12	11	23	3	17	16		9		3		24
11		10			16			22	9	18				7
	8	24	12	10	17	13	9	12		14	24	10	10	3
9		17			16		12		25			7		17
15	23	16	10	20		6	16	2	24	5	5	16	6	
15			13	7	16			16			16			15
13		13		12		4	13	12	16	3	4	4	23	16
10	9	12	5	16	3	23			7		3			19
13		15		17		9	15	15	16	12	11	13	19	16
3	22	16	12	13	17	14			11		17			7
23		7		10		11	9 (O)	15 (F)	17 (T)	18	3	7	16	

A B C D E F G H I J K L M

N O P Q R S T U V W X Y Z

Reference Box

1	2	3	4	5	6	7	8	9 O	10	11	12	13
14	15 F	16	17 T	18	19	20	21	22	23	24	25	26

24	18	22	3	19	11	17	22		8	24	13	19	2	26
1		17		2		2			20		3		17
24	12	19	17	26	11		11	2	20	11	14	13	13	24
12		2		15		10		25				23		11
10	14	20	12	3	11	17		24	4	14	24	20	21	
		3		7		20		23			14		11
20 R	3	6	18	24		17	11	14	9	3	17	11	11	17
2 O			11			24			26				16
11 T	20	24	23	17	5	14	3	6		22	17	23	2	11
24		22				20		24		17		20		
	11	2	6	24	11	2		11	3	20	26	2	3	11
8		20			26		17		11		8		14
20	24	14	13	1	24	21	12		20	2	12	14	17	20
2		26		17			2			2		13		17
6	14	7	10	11	21		18	2	2	25	13	17	11	12

A B C D E F G H I J K L M

N O P Q R S T U V W X Y Z

Reference Box

| 1 | 2 O | 3 | 4 | 5 | 6 | 7 | 8 | 9 | 10 | 11 T | 12 | 13 |
| 14 | 15 | 16 | 17 | 18 | 19 | 20 R | 21 | 22 | 23 | 24 | 25 | 26 |

23	5	9	19	20	1	25	█	17	14	23	14	6	15	10
6	█	3	█	█	1	█	14	█	9	█	█	█	█	19
25	1	19	25	14	3	9	26	11	█	26	6	16	24	1
26	█	24	█	10	█	19	█	1	█	6	█	25	█	24
22	1	1	16	24	1	█	11	6	21	26	22	9	24	24
24	█	█	█	9	█	19	█	█	5	█	█	21	█	█
6	█	12	9	26	18	9	25	6	6	█	19	24	6	19
15	█	15	█	11	█	24	█	17	█	22	█	1	█	6
25	9 (A)	3 (M)	19 (P)	█	14	3	19	9	14	25	1	11	█	25
█	8	█	█	26	█	█	█	24	█	14	█	█	█	20
10	8	15	1	9	12	1	25	█	4	1	10	20	1	25
6	█	9	█	19	█	2	█	19	█	13	█	15	█	9
26	6	20	23	5	█	23	15	25	25	1	26	20	24	7
14	█	█	█	14	█	1	█	14	█	█	█	6	█	9
23	14	20	9	11	1	24	█	3	6	26	18	25	1	24

A B C D E F G H I J K L M

N O P Q R S T U V W X Y Z

Reference Box

1	2	3 M	4	5	6	7	8	9 A	10	11	12	13
14	15	16	17	18	19 P	20	21	22	23	24	25	26

38

9	15	24	8	12	10	■	22	■	10	21	23	12	15	9
20	■	25	■	■	19	15	9	5	3	■	12	■	5	■
12	9	26	15	17	21	■	20	■	21	■	25	■	20	■
9	■	15	■	■	25	■	8	12	13	13	18	15	9	16
10	■	9	■	21	26	25	10	■	13	■	■	9	■	13
■	26	21	15	9	■	13	■	25	■	14	20	6	22	25
25	■	■	■	2	25	5	12	1	1	15	■	21	■	6
4	20	13	15	20	■	20	■	25	■	17	15	11	21	13
4	■	25	■	15	9	14	20	13	14	21	■	■	■	18
15	9	12	26	9	■	21	■	21	■	26 R	12 U	9 N	16	■
26	■	16	■	■	26	■	9	25	9	10	■	12	■	12
24	25	3	20	16	25	9	18	■	20	■	■	26	■	7
■	5	■	12	■	17	■	24	■	26	12	10	10	21	7
■	9	■	10	■	15	9	17	12	7	■	■	21	■	21
9	21	10	7	21	6	■	3	■	3	15	9	6	21	26

A B C D E F G H I J K L M

N O P Q R S T U V W X Y Z

Reference Box

1	2	3	4	5	6	7	8	9 N	10	11	12 U	13
14	15	16	17	18	19	20	21	22	23	24	25	26 R

5	14	7	10	17	5	26	20	14		24	5	3	26	13
6		25		6		10		13		10		20		19
17	4	13	19	5		11	20	6	22	9	6	13	19	23 **G**
4		19		18		13		26		23				10 **O**
5	19	23	20	3	13	17	5		26	4	6	10	5	26 **T**
13			1		19		8		13		20		23	
17		16	20	5	2	26	13	19	23		2	3	10	23
	23		23		26		21		4		26		23	
23	10	6	20		20	15	9	5	26	13	10	19		3
	19		26		5		26		20		6			20
24	20	4	20	5	14		4	10	6	2	20	24	10	1
13				19		23		9		5		13		13
24	6	20	5	12	16	5	2	26		3	10	23	13	17
3		23		3		16		20		7		10		10
20	21	10	26	20		16	10	6	23	10	26	26	20	19

A B C D E F G H I J K L M

N O P Q R S T U V W X Y Z

Reference Box

1	2	3	4	5	6	7	8	9	10 **O**	11	12	13
14	15	16	17	18	19	20	21	22	23 **G**	24	25	26 **T**

40

22		18		8	14	12	19	6	20	7	17	26	16	20
26	1	9	5	2		23		15			9		15	
16		20		16	23	9	19	5	12		13	15	21	21
16	12	9	8	20		19			23		26		21	
24		8		10			10	12	12	11	6	9	24	8
	20		9	16	9	17		18				5		23 (L)
16	15	17	2	17			26		20		14	2	23	2 (O)
2		2		12	9	17	19	12	8	20		17		14 (P)
23	2	14	12		18		11			12	23	9	20	12
26		7		3		23	9	26	17		14			
2	25	12	17	20	15	17	12			1		7		15
	26		26		26			25		26	6	2	23	8
9	4	26	8		20	9	25	12	17	19		13		26
	12		12			17		20		15	19	26	2	19
26	19	20	17	9	25	12	19	2	15	8		9		5

A B C D E F G H I J K L M

N O P Q R S T U V W X Y Z

Reference Box

1	2 O	3	4	5	6	7	8	9	10	11	12	13
14 P	15	16	17	18	19	20	21	22	23 L	24	25	26

45

21	6	10	2	7	2	18	■	14	6	26	19	6	11	2
7	■	12	■	6	■	7	■	7	■	6	■	21	■	8
12	22	4	24	6	10	25	5	2	■	11	■	21	■	19
19	■	25	■	11	■	1	■	12	14	9	22	25	10	2
19	10	6	4	2	14	4	■	1	■	22	■	14	12	10
2	■	■	22	■	6	■	2	16	25	17	2	1	4	■
17	12	15	1	■	7	2	2	10	■	4	■	■	17	■
■	17	■	12	14 **C**	4	■	23	■	13	6	3	■	6	■
■	26	■	■	6 **O**	■	24	2	10	6	■	7	22	26	19
19	25	26	2	■ 6 **N**	4	6	■	■	20	■	6	■	■	12
2	10	12	■	4	■	1	■	11	2	12	15	2	2	17
4	2	10	26	25	4	2	■	20	■	7	■	9	■	17
12	■	25	■	1	■	11	19	25	10	25	4	22	12	7
7	■	1	■	22	■	4	■	10	■	2	■	12	■	2
11	7	12	16	2	10	23	■	4	12	1	18	7	2	17

A B C D E F G H I J K L M

N O P Q R S T U V W X Y Z

Reference Box

1 **N**	2	3	4	5	6 **O**	7	8	9	10	11	12	13
14 **C**	15	16	17	18	19	20	21	22	23	24	25	26

42

7	4	20	10	1	20		13	10	12	26	9	22	13	14
4			20		21			26		23		20		6
17	2	13	22	25	11	13	16	8		11		24		7
22			25		9		17	3	7	17	16	13	4	13
8	26	21	11		13	16	18			16				10
	7		20		2		4	11	9	7		8 **M**		4
22	13	23	16	9	13	14		13		4	11	13 **E**	8	13
13		26		7		6	20	8		13		10 **N**		22
21	20	8	13	17		13		23	13	22	19	26	22	6
4		23		8	20	14	13		5		20		26	
20				13			2	20	4		6	20	8	7
10	13	8	20	4	17	14	13		22		25			13
15		17		22		9	10	21	20	23	20	3	16	13
16		17		9		8			21		16			8
13	10	22	9	21	11	13	14		4	17	24	13	10	7

A B C D E F G H I J K L M

N O P Q R S T U V W X Y Z

Reference Box

1	2	3	4	5	6	7	8 **M**	9	10 **N**	11	12	13 **E**
14	15	16	17	18	19	20	21	22	23	24	25	26

15	11	11	2	4	15	12	2	16		15	9	9	14	5
22		17		26		2		5		11		15		13
15	23	26	5	5		9	14	15	25	11	7	14		18
1		5		19		5		1		14		5		5
5	13	2	19	19	15	26	25		3	7	15	26	16	10
		23		25				23		5				10
24	7	21	1		13	5	8	6	15	21	2	8	15	14
15		5		8		20		5		16		26		5
8	17	26	26	17	19	2	12	5	19		11 F	7 U	21 N	4
15				21		16				5		19		
26	5	18	7	11	11		9	14	15	21	16	15	2	21
15		5		2		19		17		23		4		17
21		11	15	21	15	16	2	8		7	21	2	17	21
4		2		5		7		15		14		21		5
15	8	16	5	4		18	7	14	14	11	2	23	6	16

A B C D E F G H I J K L M

N O P Q R S T U V W X Y Z

Reference Box

| 1 | 2 | 3 | 4 | 5 | 6 | 7 U | 8 | 9 | 10 | 11 F | 12 | 13 |
| 14 | 15 | 16 | 17 | 18 | 19 | 20 | 21 N | 22 | 23 | 24 | 25 | 26 |

44

5	18	26	19	6	22	6	19	7	■	24 R	■	15	■	19
1	■	■	7	■	18	■	10	■	24	4 E	19	6	19	7
5	26	24	2	12	25	16	6	25	■	11 F	■	21	■	25
6	■	■	22	■	24	■	■	19	13	1	25	21	2	24
21	2	22	10	19	12	6	7	18	■	19	■	6	■	11
19	■	■	5	■	6	■	4	■	■	25	■	2	■	6
■	11	24	6	4	16	8	21	26	■	21	6	16	10	19
24	■	■	21	■	23	■	21	■	11	■	12	■	■	18
4	20	22	4	21	■	21	6	16	4	19	12	25	16	■
25	■	2	■	25	■	■	16	■	25	■	2	■	■	9
8	■	16	■	16	■	25	23	23	24	25	17	25	7	4
3	25	22	10	8	25	14	■	■	19	■	25	■	■	25
1	■	4	■	6	■	4	16	7	2	12	9	6	16	23
19	18	24	25	16	10	■	4	■	12	■	21	■	■	21
7	■	7	■	23	■	24	4	11	4	24	4	16	22	4

A B C D E F G H I J K L M

N O P Q R S T U V W X Y Z

Reference Box

1	2	3	4 E	5	6	7	8	9	10	11 F	12	13
14	15	16	17	18	19	20	21	22	23	24 R	25	26

45

A B C D E F G H I J K L M

N O P Q R S T U V W X Y Z

Reference Box

1	2	3	4	5	6	7	8	9	10	11	12	13
14	15	16	17	18 B	19	20	21	22	23	24 U	25 T	26

46

1	20	26	20		1	17	2	20	11		10	23	17	16
9			26	6	18		20		14			22		20
14	20	22	2		22	2	5	21	2	17		20		13
23			6		26		2			20	16	16	2	25
16		1	11	25	2		1	18	7	1			26	
20	26	2		18		17		1		14	2	7	26	2
1		6		16	2	20	7	2	6			20		16
11	22	21	11	2		3		15		8	18	24	10	23
21		23			5	21	9	18	6	20		3		19
9 (C)	20 (A)	22 (R)	7	1		11		16		9		2	24	18
	11			9	14	21	9		1	12	21	6		2
1	2	3	21	20			23		16		6			6
20		20		22	2	11	25	3	2		15	20	9	11
16		6			12		3		2	25	2			16
11	2	2	24		2	4	18	16	11		22	20	9	25

A B C D E F G H I J K L M

N O P Q R S T U V W X Y Z

Reference Box

1	2	3	4	5	6	7	8	9 (C)	10	11	12	13
14	15	16	17	18	19	20 (A)	21	22 (R)	23	24	25	26

Codeword grid (15 × 15). Black cells shown as ■.

8	3	6	12	21	■	16	2	17	17	22	11	22	2	21
9	■	12	■	2	■	2	■	2	■	26	■	■	■	17
5	6	22	12	24	9	4	2	8	■	19	6	25	25	10
2	■	6	■	22	■	16	■	3	■	1	■	2	■	12
7	22	8	2	12	10	■	15	20	6	17	5	6	3	10
20	■	■	■	22	■	18	■	2	■	2	■	12	■	■
2	13	2	26	16	■	1	26	21	9	■	3	9	9	15
17	■	10	■	10	■	6	■	1	■	15	■	1	■	6
2	7	2	17	■	22	21	9	12	■	17	22	8	14	10
■	■	24	■	14	■	17	■	2	■	2	■	■	■	5
8	15	6	3	2	5	6	26	■	22	23	1	6	26	6
20	■	12	■	16	■	26	■	6	■	26	■	24	■	8
6	12	12	9	16	■	23	1	22	16	6	17	22	8	16
17	■	■	■	12	■	12	■	21	■	26	■	21	■	2
15 P	2 E	17 R	8	2	13	2	17	2	■	16	20	2	22	17

A B C D E F G H I J K L M

N O P Q R S T U V W X Y Z

Reference Box

1	2 E	3	4	5	6	7	8	9	10	11	12	13
14	15 P	16	17 R	18	19	20	21	22	23	24	25	26

48

19	20	17 P	19	15	14	26	11	14	■	18	25	5	5	17
9	■	5 O	■	1	■	10	■	26	■	17	■	10	■	26
23	26	14 T	1	19	■	2	13	18	3	5	13	11	■	7
19	■	17	■	19	■	13	■	24	■	7	■	15	■	14
2	5	5	7	24	11	5	23	■	15	26	7	19	19	7
■	■	10	■	8	■	■	■	13	■	2	■	■	■	13
26	15	7	19	■	4	10	26	11	14	13	16	13	19	2
17	■	7	■	11	■	17	■	15	■	15	■	7	■	6
17	1	13	25	5	18	5	17	1	8	■	16	7	19	19
7	■	■	■	22	■	11	■	■	■	9	■	13	■	■
5	10	14	25	26	22	■	26	15	7	5	18	14	13	15
21	■	26	■	2	■	24	■	7	■	7	■	26	■	1
13	■	18	14	26	9	13	11	26	■	26	9	23	25	19
11	■	14	■	8	■	25	■	12	■	18	■	25	■	26
6	10	19	18	18	■	5	21	19	7	18	25	19	19	17

A B C D E F G H I J K L M

N O P Q R S T U V W X Y Z

Reference Box

1	2	3	4	5 O	6	7	8	9	10	11	12	13
14 T	15	16	17 P	18	19	20	21	22	23	24	25	26

21	16	12	26	26	5		3		4		4	7	17	21
16		26		17 L		21	7	9	17	26	9			13
12	26	2	12	7 I	21	4	17		6		20	26	26	12
24		26		8 T		12		21	4	17	26			7
22	4	17	17	26	12	7	5	4			16	17	4	5
	3				26			6	3	24	8			6
2	12	3	2	4	6	4	8	3	12		7	21	17	26
	8		12		6		7		4		14		3	
6	4	14	26		4	21	16	26	5	9	26	5	16	13
4			21	11	26	10			6				11	
23	7	5	16			24	5	9	26	12	2	4	21	21
26			12	26	4	25		26		26		9		4
8	4	18	7		16		2	4	12	4	15	24	4	8
8			22	26	19	4	17	1		9		17		13
26	17	21	26		26		13		3	13	21	8	26	12

A B C D E F G H I J K L M

N O P Q R S T U V W X Y Z

Reference Box

1	2	3	4	5	6	7 I	8 T	9	10	11	12	13
14	15	16	17 L	18	19	20	21	22	23	24	25	26

50

22	4	7	22	3		9	25	8	20	26	10	3	25	9
15		23		25		12		19 L		22				26
1	5	9	20	23	4	18	25	23 A		3	26	15	23	16
26		25		20		10		6 M		8		20		25
19	25	3	1	23	19		26	24	19	12	13	12	26	4
10				14		3		26		3		7		
3	12	24	12	23		26	4	5	2		10	11	12	15
25		20		5		22		23		20		19		25
20	25	23	9		24	20	23	4		25	13	25	4	10
		13		20		4		3		7				3
10	26	22	13	25	4	12	20		24	26	4	10	23	12
25		20		1		17		25		22		7		19
19	19	23	6	23		22	4	9	25	20	3	23	11	25
19				4		25		9		10		19		4
10	15	20	12	18	1	3	19	5		25	21	25	7	3

A B C D E F G H I J K L M

N O P Q R S T U V W X Y Z

Reference Box

1	2	3	4	5	6 M	7	8	9	10	11	12	13
14	15	16	17	18	19 L	20	21	22	23 A	24	25	26

51

23		1		5		13	25	19	11	3	2	3	20	14
25	15	16	17	12	14			9		26		26		5
5		3		3		16	20	5	14	6	17	5	1	14
1		24		7				18		20		7		14
11	17	17	11	16	15	3	8	21		8	16	20	9	4
20		26		11			25			3		1		
1	20	20	14		6	1	3	8	21	12	5	4	20	1
20				26			19			20				20
14	3	19	26	3	19	19	3	22	20		19	11	17	15
		16		19			18			26		1		17
15	19	5	12	26 M		14	20	10	11	20	1	17	25	19
1		14		5 A		3				26		14		19
20	10	3	19	11 T	20	18	8	20		6		14		20
19		20		8		5			1	20	8	20	19	19
19	25	1	8	16	5	1	7	20		1		18		19

A B C D E F G H I J K L M
N O P Q R S T U V W X Y Z

Reference Box

| 1 | 2 | 3 | 4 | 5 A | 6 | 7 | 8 | 9 | 10 | 11 T | 12 | 13 |
| 14 | 15 | 16 | 17 | 18 | 19 | 20 | 21 | 22 | 23 | 24 | 25 | 26 M |

18	8	12	3	15	20	■	5	22	4	20	13	15	11	17
8	■	3	■	11	■	■	6	■	17	■	11	■	11	■
17	26	4	26	18	20	5	■	8	■	11	7	20	4	15
12	■	8	■	26	■	26	2	2	20	23	■	2	■	20
11	18	18	12	24	■	10	■	15	■	24	20	26	4	2
19	■	■	24	■	14	26	21	21	24	■	■	8	■	15
26	9	8	19	1	11	■	20	■	8	18	11	12	■	■
15	■	■	17	■	8	5	5	3	20	■	25	■	■	8
■	■	5	6	3	2	■	15	■	12	8	25	15	20	18
5	■	16	■	■	15	11	24	20	18	■	20	■	■	12
15	6	3	19	1	■	4	■	17	■	22	4	26	15	20
4	■	26	■	26	12	8	1	8	■	11	■	12	■	2
20	26	4	12	5	■	10	■	22	11	12	12	8(L)	18(I)	20(D)
26	■	20	■	8	■	8	■	■	11	■	7	■	5
19	8	18	18	12	8	2	10	■	3	2	12	20	5	5

A B C D E F G H I J K L M

N O P Q R S T U V W X Y Z

Reference Box

1	2	3	4	5	6	7	8 I	9	10	11	12 L	13
14	15	16	17	18 D	19	20	21	22	23	24	25	26

53

15	1	20	1	6	26	■	20	26	13	21	26	25	6	25
8	■	8	■	9	■	8	■	11	■	23	■	1	■	2
23	8	14	26	20	■	11	20	8	4	4	3	8	23	10
10	■	9	■	2	22	26	■	14	■	8	■	23	■	10
11	2	26	■	21	■	1	23	6	8	7	1	6	9	5
2	■	25	■	10	■	■	2	■	19	■	3	■	26	■
19	1	6	14	9	16	2	12	■	16	20	2	8	3	25
■	16	■	20	■	20	■	8	■	21	■	2	■	3	■
25	1	3	1	19	8	■	2	24	26	20	18	3	2	22
■	6	■	22	■	26	■	21	■	■	2	■	2	■	20
17	26	3	3	5	18	8	25	9	■	25	■	23	26	26
8	■	8	■	26	■	11	■	2	11	26	■	10	■	25
24	1	23	11	1	3	8	25	19	■	6	20	26	1	6
26	■	26	■	25	■	2	■	26	■	6	■	25	■	3
25	1	23	14	6	8	6	5	■	25 S	26 E	6 T	6	3	26

A B C D E F G H I J K L M

N O P Q R S T U V W X Y Z

Reference Box

1	2	3	4	5	6 T	7	8	9	10	11	12	13
14	15	16	17	18	19	20	21	22	23	24	25 S	26 E

4	1	10	6	14	7	14	5		14	3	23	19	10	20
	11		3		6		23		16		22			10
7	6	24	3	18	23		10	26	10	14	14	3	7	16
	10		25		22		16		20		16			23
14		21	23	8	10	1	11	14		13	10	25	3	6
7		23			19		5	3	12	10		23		14
14	15	9	10	16	14	25		20		6	3	16	14	15
7		21		1		9		10		7		7		23
11	10	16	18	25		7		17	23	10	11	3	1	25
11		3		14 T	7 I	6 N	14		2			1		7
10	13	20	11	5		12	10	25	23	3	1	25		25
14			10		25		6		19		6		13	
7	6	14	16	23	20	7	21		14	23	21	7	1	13
3			12		7		23		3		1		14	
6	23	9	23	25	14		13	1	16	21	23	16	23	16

A B C D E F G H I J K L M

N O P Q R S T U V W X Y Z

Reference Box

1	2	3	4	5	6 N	7 I	8	9	10	11	12	13
14 T	15	16	17	18	19	20	21	22	23	24	25	26

55

	18	25	22	11	20	8	16	17		6		11		5
23			3		12			8	16	16	7	21	16	17 **P**
11	9	17	13	16	5	12	10	11		16		4		25 **A**
21			15		15			15	16	13	13	12	11	8 **R**
21	11	15	4	18	12	19	3	11		16		15		5
14		4			17			20	16	2				11
	1	25	5	11	13	12	18	11		14	16	24	11	13
15		18			11		12		26			18		14
25	15	21	16	8		16	17	11	8	25	21	16	8	
8				25	5	17			25			26		17
25		17		12		17	8	16	18	16	3	18	15	11
17	25	8	21	18	11	8			2		17			8
25		25		1			11	17	12	13	11	17	21	12	15
15	16	26	1	16	14	5			11		11			4
11		18		26		5	16	13	20	11	8	11	20	

A B C D E F G H I J K L M

N O P Q R S T U V W X Y Z

Reference Box

1	2	3	4	5	6	7	8 **R**	9	10	11	12	13
14	15	16	17 **P**	18	19	20	21	22	23	24	25 **A**	26

56

15	14	19	26	13	21	11	14	█	11	21	10	11	10	15
1	█	22	█	21	█	█	24	█	█	18	█	23	█	21
21	9	9	21	19	25	█	6	25	24	24	18	19	22	6
22	█	21	█	1	█	21	█	21	█	█	█	8	█	21
6	19	22	6	23	21	8	█	9(F)	21(A)	18(T)	23	24	25	█
█	█	11	█	2	█	19	█	18	█	█	25	█	12	
12	21	7	2	10	█	17	24	15	19	6	22	21	18	24
24	█	█	█	15	█	█	8	█	█	25	█	█	█	4
21	25	21	12	24	15	16	10	24	█	21	8	19	18	7
14	█	4	█	█	█	10	█	5	█	26	█	22	█	
█	18	2	25	16	10	24	█	21	12	24	18	18	24	25
21	█	11	█	█	█	1	█	8	█	15	█	24	█	21
9	1	21	6	26	2	1	24	█	11	23	19	22	18	3
21	█	17	█	19	█	█	1	█	█	2	█	15	█	2
25	24	2	26	24	22	█	14	22	19	18	20	24	21	25

A B C D E F G H I J K L M

N O P Q R S T U V W X Y Z

Reference Box

1	2	3	4	5	6	7	8	9 F	10	11	12	13
14	15	16	17	18 T	19	20	21 A	22	23	24	25	26

57

Codeword grid (15 columns):

19	9	25	24	18	9	19	■	24	21	25	22	9	19	1
9	■	23	■	■	■	23	■	18	■	3	■	■	■	18
25	9	25	18	16	25	23	16	19	■	25	24	24	19	21
5	■	21	■	14	■	24	■	9	■	9	■	4	■	20
14	9	19	22	1	14	■	15	19	9 (V)	19	22	18	24	11
22	■	■	3	■	2	■	■	25 (A)	■	■	15	■	■	
25	■	24	13	19	16	19	21	14	26 (N)	■	24	21	10	26
21	■	13	■	22	■	22	■	26	■	15	■	16	■	19
19	9	19	26	■	5	14	16	6	3	25	17	6	■	22
■	■	21	■	■	19	■	■	12	■	20	■	■	■	9
7	25	20	8	10	25	22	1	■	9	18	22	25	3	14
10	■	11	■	5	■	14	■	14	■	25	■	21	■	10
17	25	6	23	19	■	5	25	9	18	16	18	14	26	24
5	■	■	■	26	■	19	■	19	■	■	■	16	■	16
6	18	19	16	1	19	1	■	26	14	9	19	16	21	6

A B C D E F G H I J K L M

N O P Q R S T U V W X Y Z

Reference Box

1	2	3	4	5	6	7	8	9 V	10	11	12	13
14	15	16	17	18	19	20	21	22	23	24	25 A	26 N

58

11	25	4	18	24	20		1		23	13	8	2	22	2
13		8			16	26	21	24	13		4		23	
8	22	2	20	13	2		4		8		8		13	
16		17			22		4	5	11	21	20	16	11	8
3		24		12	11	11	18		22			23		21
	19	11	22	22		6		20		15	4	2	22	2
20				23	13	2	7	23	6	11		21		3
9	2	7	4	6		13		22		16	11	2	20	11
11		6		10	4	11	25	23	20	16				21
2	1	2	20	26		22		10		22	2	13	8	
16		21			8		26	2	14	11		23		2
3	24	22	11	16	23	18	11		23			13		22
	21		5		11		6		22	2(L)	13(A)	23(M)	6	2
	11		23		16	24	6	23	10			10		21
7	2	22	22	11	3		2		26	2	6	20	4	13

A B C D E F G H I J K L M

N O P Q R S T U V W X Y Z

Reference Box

1	2 **A**	3	4	5	6	7	8	9	10	11	12	13 **M**
14	15	16	17	18	19	20	21	22 **L**	23	24	25	26

63

13	10	10	6	9	21	13	23	3	■	23	13	6	18	9
9	■	6	■	2	■	7	■	22	■	4	■	9	■	6
7	16	25	22	17	■	9	26	9	23	25	5	2	18	9
16	■	19	■	9	■	22	■	20	■	5	■	■	■	1
24	25	15	25	7	15	13	22	■	15	9	6	11	7	8
16	■	■	22	■	13	■	25	■	9	■	16	■	25	■
6	■	15	13	6	24	13	19	2	23	■	23	25	15	9
■	12	■	6	■	4	■	15	■	13	■	3	■	8	■
8	16	1	2	■	11	7	9	14	25	9	22	5	■	15
■	22	■	3	■	25	■	7	■	24	■	25	■	■	9
15 **B**	9	11	9	6	6	■	24	10	9	23	5	7	25	19
13 **A**	■	■	■	13	■	15	■	6	■	13	■	16	■	25
7 **R**	9	24	25	7	11	13	23	9	■	7	9	13	19	24
1	■	2	■	23	■	7	■	13	■	1	■	23	■	9
9	13	7	5	4	■	15	9	5	7	16	5	4	9	17

A B C D E F G H I J K L M

N O P Q R S T U V W X Y Z

Reference Box

1	2	3	4	5	6	7 **R**	8	9	10	11	12	13 **A**
14	15 **B**	16	17	18	19	20	21	22	23	24	25	26

15		1		1	10	3	2	1	12	8	23	20	18	9
3	4	12	1	10		10		4		4		24		
24		10		21	3	10	8	23	3		14	4	6	5
23	12	8	1	10		16			4		10		5	
10		1		12			21	11	2	9	16	8	21	21
		18		23	20	6	10		1			15		2
11	12	4	7	10			16		10		21	15	8	18
4		24		1	10	8	17	10	18	21		24		4
16	4	9	4		25		20			3	24	6	20	1
19		3			24		21	3	4	10		24		
8	21	23	4	18	20	21	3			10		16		3
	2		22		11			1		11	16	8	13	8
15	16	24	5		21	3 (H)	12	10	14	1		23		12
	11		4			24 (U)		16		4	13	4	18	10
21	3	4	14	26	24	6 (M)	11	20	18	9		12		6

A B C D E F G H I J K L M

N O P Q R S T U V W X Y Z

Reference Box

1	2	3 H	4	5	6 M	7	8	9	10	11	12	13
14	15	16	17	18	19	20	21	22	23	24 U	25	26

61

16	23	6	20	20	13	23	■	1	11	18	1	20	20	14
1	■	20	■	13	■	8	■	11	■	5	■	1	■	3
11	2	20	21	23	15	5	23	12	■	22	■	23	■	11
10	■	21	■	18	■	11	■	11	22	25	5	15	20	19
5	■	9	26	5	21	25	3	5	■	23	■	2	■	11
26	■	■	23	■	25	■	■	18	5	15	17	11	23	8
4	23	24	15	■	9	13 **K**	5 **I**	26 **T**	■	26	■	■	19	■
■	18	■	13	■	13	■	■	■	21	■	7	■	3	■
■	9	■	■	3	■	9	5	3	20	■	11	10	11	1
1	11	23	3	5	9	21	■	■	26	■	11	■	■	5
11	■	5	■	13	■	20	1	12	17	23	1	8	■	12
16	11	1	9	11	1	13	■	20	■	25	■	1	■	13
25	■	5	■	15	■	5	21	21	11	8	5	23	26	11
14	■	11	■	11	■	15	■	5	■	5	■	13	■	26
14	5	1	11	8	20	2	■	12	20	20	13	11	1	4

A B C D E F G H I J K L M

N O P Q R S T U V W X Y Z

Reference Box

1	2	3	4	5 **I**	6	7	8	9	10	11	12	13 **K**
14	15	16	17	18	19	20	21	22	23	24	25	26 **T**

62

Codeword puzzle grid (numbers 1–26 represent letters). Pre-filled letters: 21 = H, 6 = E, 22 = R.

1	6	16	7	23	18	■	22	20	14	3	14	21	6	16
23	■	■	8	■	17	■	■	18	■	5	■	23	■	21
8	6	5	20	5	7	17	10	23	■	7	■	11	■	20
6	■	■	16	■	2	■	6	18	8	10	3	24	6	22
19	23	13	16	■	22	23	5	■	■	23	■	■	■	16
■	25	■	10	■	23	■	16	21	3	17	■	2	■	20
8	3	15	6	22	16	24	■	6	■	25	22	20	18	6
22	■	3	■	6	■	3	23	22	■	21	■	26	■	16
6	4	16	3	10	■	2	■	3	7	16	22	20	14	21
19	■	6	■	20	16	6	18	■	20	■	6	■	23	■
20	■	■	12	■	■	3	26	10	■	8	17	5	16	
14	21 (H)	6 (E)	22 (R)	17	9	20	14	■	6	■	17	■	■	20
16	■	13	■	23	■	7	2	20	5	13	10	20	5	16
3	■	16	■	22	■	10	■	■	14	■	7	■	■	10
22	6	7	16	24	10	6	19	■	6	18	6	22	25	6

A B C D E F G H I J K L M

N O P Q R S T U V W X Y Z

Reference Box

1	2	3	4	5	6 (E)	7	8	9	10	11	12	13
14	15	16	17	18	19	20	21 (H)	22 (R)	23	24	25	26

63

21 C	22	5	20	21	5	24	7	18	■	21	23	16	1	8
13 A	■	13	■	23	■	16	■	11	■	23	■	24	■	17
22 R	16	6	5	22	■	21	18	15	15	5	21	25	■	22
5	■	5	■	18	■	5	■	5	■	20	■	5	■	21
22	18	20	5	1	13	22	26	■	20	25	13	22	21	23
■	7	■	5	■	■	■	9	■	24	■	■	■	■	13
18	9	22	13	■	18	14	20	5	3	17	16	18	17	20
6	■	18	■	17	■	22	■	5	■	25	■	15	■	5
5	12	8	5	24	7	13	14	15	5	■	13	10	13	22
22	■	■	■	11	■	25	■	■	■	19	■	13	■	■
2	18	6	16	13	15	■	23	16	14	16	20	21	17	20
18	■	5	■	16	■	20	■	24	■	8	■	25	■	4
26	■	11	5	24	5	25	16	21	■	8	23	18	25	18
5	■	13	■	15	■	5	■	17	■	5	■	22	■	22
7	13	24	7	26	■	8	18	22	25	22	13	26	5	7

A B C D E F G H I J K L M

N O P Q R S T U V W X Y Z

Reference Box

| 1 | 2 | 3 | 4 | 5 | 6 | 7 | 8 | 9 | 10 | 11 | 12 | 13 A |
| 14 | 15 | 16 | 17 | 18 | 19 | 20 | 21 C | 22 R | 23 | 24 | 25 | 26 |

10	20	23	10	15	1	11	3	23	■	11	■	21	■	7
20	■	■	6	■	11	■	18	■	1	9	4	1	9	4
6	2	23	4	3	20	4	6	18	■	16	■	7	■	6
9	■	■	12	■	11	■	■	11	13	21	1	9	3	20
24	4	6	10	23	4	21	23	17	■	3	■	3	■	21
20	■	■	4	■	11	■	25	■	■	6	■	23	■	19
■	5	14	11	7	8	11	10	15	■	4	11	16	21	21
1	■	■	15	■	11	■	14	■	1	■	3	■	■	3
11	1	19	23	4	■	26	9	11	21	12	3	14	22	■
20	■	4	■	21	■	■	16	■	24	■	23	■	■	16
6	■	23	■	16	■	1 (M)	23	3	4	6	12	6	1	23
24	4	11	12	16	1	11 (A)	■	■	11	■	9	■	■	11
11	■	16	■	14	■	12 (N)	6	1	21	12	11	3	23	16
12	9	3	1	23	24	■	18	■	12	■	3	■	■	14
22	■	20	■	16	■	21	12	16	23	10	23	12	10	22

A B C D E F G H I J K L M

N O P Q R S T U V W X Y Z

Reference Box

1 M	2	3	4	5	6	7	8	9	10	11 A	12 N	13
14	15	16	17	18	19	20	21	22	23	24	25	26

20		2		14		17	3	11	16	4	12	18	16	8
18	5	18	26	3		11			10		4		18	
16		19		4	6	16	18	23	11	4	3	18	4	6
19	14	3	18	15		5			5		15		3	
		26		24		1	26	21	4	15	10	6	4	12
22	4	15	11	4	3		21		6			18		4
4		4		16		19	14	8		14	8	15	24	8
24		3		18	19	10	12	4	16	26		1		24
24	26	2	18	5		14	4	20		6		16		4
26		26			7		18		25	18	19	18	10	6
2	10	2	2 **D**	26	3	18	6	15		16		6		
	17		18 **I**		26			3		26	4	15	26	3
3	26	18	6 **N**	19	26	3	16	18	10	6		4		18
	19		26		9			6		5	10	12	10	6
2	26	17	3	18	26	7	26	2		26		26		13

A B C D E F G H I J K L M

N O P Q R S T U V W X Y Z

Reference Box

1	2 **D**	3	4	5 ****	6 **N**	7	8	9	10	11	12	13
14	15	16	17	18 **I**	19	20	21	22	23	24	25	26

15	7	10	23		1	11	8	23	13		23	12	23	10
21			25	6	23		21		23			8		23
19	15	25	23		2	6	16	6	4	15		21		26
6			6		25		14			10	14	5	23	24
5		26	2	8	14		2	23	22	24			18	
15	8	10		19		15		16		3	14	19	15	19
13		14		6	21	5	23	10	13			14		15
14	10	14	26	13		5		15		26	2	14	17	13
19		5			13	15	21	23	13	15		4		14
13	10	24	1	13		1		4		21		2	15	20
	23			15	5	14	19		14	23	1	14		15
1	5	15	10	13			6		10		5			10
2		5		14	23	10	19	14	10		23	16	8	13
15		23			4		13		15 O	5 P	13 T			9
5	14	2	13		15	13	9	14	10		14	19	25	24

A B C D E F G H I J K L M

N O P Q R S T U V W X Y Z

Reference Box

| 1 | 2 | 3 | 4 | 5 **P** | 6 | 7 | 8 | 9 | 10 | 11 | 12 | 13 **T** |
| 14 | 15 **O** | 16 | 17 | 18 | 19 | 20 | 21 | 22 | 23 | 24 | 25 | 26 |

71

4	17	8	17	2	■	17	19	17	12	11	26	1	2	24
1	■	5	■	20	■	25	■	19	■	15				5
7	15	16	13	1	26	22	5	1	■	25	2	1	23	17
13	■	15	■	11	■	17	■	10	■	5	■	21	■	26
1	2	2	17	16	13	■	2	17	3	14	5	2	17	25
16	■			15	■	16	■	2	■	12	■	17		
13	17	11	5	25	■	20	15	21	15	■	18	1	2	11
5	■	2	■	24	■	15	■	1	■	25	■	16	■	1
10	2	17	18	■	16	18	1	13	■	17	7	13	17	2
■		13	■	21	■	9	■	17	■	12			■	13
20	1	6	17	26	7 N	14 U	13 T	■	18	17	13	13	17	2
14	■	17	■	1	■	12	■	7	■	7	■	14	■	5
12	17	26	15	7	■	11	26	1	16	13	17	2	17	25
14	■			10	■	17	■	12	■	5	■	7	■	22
16	14	2	10	20	1	2	22	17	■	1	5	16	26	17

A B C D E F G H I J K L M

N O P Q R S T U V W X Y Z

Reference Box

1	2	3	4	5	6	7 N	8	9	10	11	12	13 T
14 U	15	16	17	18	19	20	21	22	23	24	25	26

13	24	13	16	12	24	2	13	22		19	14	9	11	12
24		24		14		9		24		14		11		11
25	14	25	24	25		2	13	12	5	3	14	13 C		9
14		20		7		13		25		17		2 A		2
13	2	18	22	11	18	11	12		1	26	14	25 N	20	5
	12		12				25		3			6
13	3	26	10		15	2	10	2	7	3	14	24	25	11
22		13		4		16		9		5		23		25
11	25	18	22	26	20	14	2	20	6		6	14	25	18
13			25		25			13		8	
16	14	12	20	13	22		2	13	13	24	3	2	8	11
3		2		18		13		2		3		18		25
14		21	24	26	13	22	11	12		3	24	14	25	20
20		11		12		14		21		2		24		26
18	11	25	20	11		13	3	11	2	12	2	25	13	11

A B C D E F G H I J K L M

N O P Q R S T U V W X Y Z

Reference Box

| 1 | 2 A | 3 | 4 | 5 | 6 | 7 | 8 | 9 | 10 | 11 | 12 | 13 C |
| 14 | 15 | 16 | 17 | 18 | 19 | 20 | 21 | 22 | 23 | 24 | 25 N | 26 |

4	1	25	1	11	17	■	7	■	7	■	25	1	20	17
12	■	12	■	15	■	22	1	11	17	1	14	■	■	26
2	12	22	22	14	15	1	11	■	16	■	19	1	20	17
2	■	24	■	17	■	25	■	18	17	12	15	■	■	19
1	21	11	17	15	9	1	11	24	■	■	12	16	17	1
■	25	■	■	■	1	■	■	17	4	12	7 (C)	■	■	25
7	1	20	20	17	25	25	23	20	12	■	1 (A)	13	12	25
■	9	■	23	■	12	■	10	■	6	■	20 (N)	■	20	■
20	17	11	3	■	22	15	1	16	14	1	11	12	20	22
23	■	■	11	14	20	1	■	■	17	■	■	■	17	■
11	14	19	1	■	■	7	1	15	16	19	23	1	15	16
12	■	■	25	14	7	5	■	23	■	15	■	25	■	15
7	25	23	22	■	23	■	8	1	4	23	20	12	7	1
17	■	■	12	20	16	23	23	15	■	11	■	17	■	4
16	12	3	7	■	17	■	26	■	7	24	1	20	7	17

A B C D E F G H I J K L M

N O P Q R S T U V W X Y Z

Reference Box

1 A	2	3	4	5	6	7 C	8	9	10	11	12	13
14	15	16	17	18	19	20 N	21	22	23	24	25	26

70

4	22	18	4	24		24	15	11	5	20	15	18	16	24
5		20		15		26		22		16				7
22	15	4	15	9	4	6	8	15		26	22	6	19	15
5		15		4		9		5		23		22		26
9	5	4	16	22	15		5	17	25	16	4 (T)	5 (A)	9 (N)	4
4				6		23		20		1		4		
16	22	6	9	15		1	16	22	14		1	15	5	23
1		20		24		10		16		18		1		5
5	26	15	2		24	20	16	12		11	16	10	15	22
		11		3		5		11		24				12
5	17	15	3	16	5	4	15		24	15	9	24	15	24
24		22		6		20		8		24		12		4
26	5	13	15	22		21	5	6	1	24	4	18	9	15
6				14		15		15		15		14		5
20	18	22	14	24	20	22	15	7		17	22	10	5	17

A B C D E F G H I J K L M

N O P Q R S T U V W X Y Z

Reference Box

1	2	3	4 T	5 A	6	7	8	9 N	10	11	12	13
14	15	16	17	18	19	20	21	22	23	24	25	26

Codeword grid (given: 2 = T, 16 = N, 24 = I):

9		8		25		10	24	9	4	19	14	8	25	16
2	4	24	14	2	5			4		17		25		19
25		16		2		9	22	25	14	19	22	14	6	12
14		24		24				20		18		2		17
13	25	26	19	14	15	24	16	19		4	25	24	14	5
25		11		19			19			25		16		
7	19	9	2		3	11	25	14	25	16	2 (T)	24 (I)	16 (N)	19
19				23			14			2				21
14	19	9	18	19	22	2	24	20	19		2	14	24	18
		18		2			16			2		19		6
9	2	24	16	2		24	13	16	6	14	25	8	11	9
2		1		24		15			19		25		24
14	19	24	9	9	11	24	16	13		25		14		2
24		16		6		6			9	2	19	14	19	6
18	25	13	24	16	25	2	19	15		5		5		14

A B C D E F G H I J K L M

N O P Q R S T U V W X Y Z

Reference Box

1	2 T	3	4	5	6	7	8	9	10	11	12	13
14	15	16 N	17	18	19	20	21	22	23	24 I	25	26

72

24	16	12	18	6	9		17 L	20 I	6 T	20	12	11	6	9
13		11		25			23		15		23		19	
26	18	23	8	20	26	6	1		17	20	6	25	9	
26		12		10		18	17	20	8	9		25		10
25	18	15	9	1		12		12		6	11	10	18	6
20			11		14	11	4	18	10			11		15
23	20	12	12	17	9		20		20	5	9	19		
20			17		17	18	23	12	15		15			20
		22	9	10	6		12		2	20	6	6	9	23
3		13			15	25	18	7	16		9			6
13	23	21	20	6		13		11		22	10	20	18	10
20		21		20	23	1	9	19		20		1		20
8	16	20	23	12		1		16	9	17	17	20	23	12
9		23		9		17			18		18		13	
10	9	15	9	10	8	9	1		15	6	11	6	13	9

A B C D E F G H I J K L M

N O P Q R S T U V W X Y Z

Reference Box

1	2	3	4	5	6 T	7	8	9	10	11	12	13
14	15	16	17 L	18	19	20 I	21	22	23	24	25	26

77

73

15	12	25	24	17	22	▪	3	1	23	20	25	24	12	22
17	▪	18	▪	1	▪	15	▪	14	▪	16	▪	2	▪	8
16	20	18	2	24	▪	17	16	1	5	5	2	16	2	14
2	▪	8	▪	13	10	20	▪	8	▪	2	▪	9	▪	2
17	25	24	▪	8	▪	4	8	18	4	15	26	2	10	10
12	▪	1	▪	1	▪	16	▪	2	▪	25	▪	8	▪	▪
26	2	25	14	10	8	24	5	▪	10	2	9	1	17	22
▪	24	▪	6	▪	20	▪	25	▪	8	▪	8	▪	20	▪
7	2	6	2	10	15	▪	24	2	6	15	12	25	15	17
▪	18	▪	10	▪	2	▪	21	▪	▪	8	▪	1	▪	26
25	22	25	17	8	10	10	25	26	▪	3	▪	16	20	2
10	▪	12	▪	16	▪	8	▪	8	20	16	▪	15	▪	16
4 B	25 A	16 R	16	25	12	20	14	25	▪	25	10	1	9	2
20	▪	2	▪	17	▪	17	▪	19	▪	24	▪	12	▪	4
18	25	15	15	2	20	15	2	▪	7	8	12	11	2	22

A B C D E F G H I J K L M

N O P Q R S T U V W X Y Z

Reference Box

1	2	3	4 B	5	6	7	8	9	10	11	12	13
14	15	16 R	17	18	19	20	21	22	23	24	25 A	26

74

22	14	16	4	20	11	3	4	■	18	10	13	16	2	11
■	7	■	10	■	21	■	23	■	23	■	14	■	■	15
9	2	10	3	7	11	■	8	10	20	3	24	8	16	26
■	5	■	7	■	18	■	16	■	3	■	7	■	■	16
4	■	15	16	24	14	2	10	8	■	8	11	3 (N)	11	19
16	■	10	■	■	4	■	4	10	12	11	■	11 (E)	■	11
19	16	8	17	4	11	24	■	6	■	18	16	19 (W)	11	8
3	■	8	■	23	■	10	■	16	■	10	■	25	■	15
17	12	20	11	8	■	8	■	8	11	26	8	16	1	11
26	■	11	■	11	19	11	17	■	3	■	■	8	■	3
11	3	24	16	19	■	17	19	16	2	2	11	3	■	4
16	■	■	19	■	24	■	20	■	10	■	10	■	19	■
26	10	18	20	9	20	17	4	■	8	14	17	17	11	4
2	■	■	3	■	1	■	18	■	7	■	11	■	25	■
11	3	20	7	15	10	■	23	11	11	24	2	11	17	17

A B C D E F G H I J K L M

N O P Q R S T U V W X Y Z

Reference Box

1	2	3 (N)	4	5	6	7	8	9	10	11 (E)	12	13
14	15	16	17	18	19 (W)	20	21	22	23	24	25	26

75

14	4	26	11	19	7	5	17		21		12		11
19		20		25			8	6	4	14	5	25	26
6	20	8	26	4	3	5	17	20		18		22		2
20			2		18			10	5	7	8	5	4	18
12	20	12	20	8	20	23	23	5		5		11		20
11		18			26			3	20	3			23
	16	25	5	12	12	5	3	24		24	11	17	9	4
15		26			19		4		8 R			13		3
11	8	11	17	7		19	1	4	4 O	3	5	3	24	
8				1	4	11		1 W			5		11
4		1		5		11	10	5	14	11	3	17	11	14
17	8	4	19	19	11	14			5		4			5
5		8		7		12	4	1	11	8	2	4	20	7
7	4	8	12	11	14	4			19		18			19
13		13		14		14	5	19	7	8	11	19	19	

A B C D E F G H I J K L M

N O P Q R S T U V W X Y Z

Reference Box

1 W	2	3	4 O	5	6	7	8 R	9	10	11	12	13
14	15	16	17	18	19	20	21	22	23	24	25	26

11	5	26	2	22	13	3	25		26	5	7	21	5	1
20		21		16			22			1		13		20
6	22	3	15	5	1		26	3	20	4	4	19	1	24
8		16		13		14		22				1		12
19	13	22	10	20	2	22		17	19	19	24	19	19	
		19		16		6		5				10		20
4	21	6	10	22			3	20	16	20	3	1	12	26	2
22				19			9			20				19
26	16	13	20	6	10	1	5	13		26	16	20	3	15
25		5				22		19		16		10		
	23	20	13	24	5	6		21	16	22	1	22	16	12
19		3			5		18		10		16		5
6	21	16	13	22	5	6	16 (T)		11	20	6	20	6	20
21		19		6		22 (I)			16		16		13
26	16	13	22	15	5		6 (N)	22	6	5	16	5	5	6

A B C D E F G H I J K L M

N O P Q R S T U V W X Y Z

Reference Box

1	2	3	4	5	6 N	7	8	9	10	11	12	13
14	15	16 T	17	18	19	20	21	22 I	23	24	25	26

81

7	2	19	9	14	1	1		22	14	24	6	20	19	15
14		13			14		13		14					19
15	13	9	19	15	19	25	14	18		5	6	23	13	18
19		18		17		19		7		8		19		20
22	6	21	14	7	2		8	13	11	6	18	14	3	13
6				20		3			17			20		
13		4	17	19	19	9	19	7	20		16	2	14	12
9		17		9		17		17		13		19		17
15	9	13	16		19	10	19	3	17	20	6	9		20
		9			24			26		20				9
13	23	20	19	18	6	12	19		12 (P)	13 (A)	18 (L)	13	20	19
8		19		13		14		12		3		14		1
12	13	9	19	9		7	12	13	24	2	19	20	20	14
18				25		20		18				3		19
19	10	12	14	13	20	19		12	17	23	3	2	19	15

A B C D E F G H I J K L M

N O P Q R S T U V W X Y Z

Reference Box

1	2	3	4	5	6	7	8	9	10	11	12 (P)	13 (A)
14	15	16	17	18 (L)	19	20	21	22	23	24	25	26

78

Codeword grid (clue numbers shown in cells; shaded cells are blocked):

24	4	14	10	10	22		4		19	1	14	6	5	11
15		1			15	22	5	6	1		4		4	
24	10	4	22	1	21		25		22		19		7	
24		24			26		4	8	4	21	1	24	6	4
11		1		12	1	24	18		25			15		18
	4	14	24	11		6		5		5	15	20	5	18
8				13	4	22	22	6	1	14		5		1
25	15	14	8	12		22		21		1	7	6	18	5
10		15		1	24	10	5	6	10	22				18
16	10	24(M)	4(A)	22(N)		16		1		21	10	13	1	
22		9			24		10	14	26	11		4		23
18	16	4	18	5	6	2	4		22			1		15
	12		24		22		2		4	17	4	25	1	4
	6		15		21	14	15	24	18			25		8
6	24	4	26	1	18		24		12	6	3	4	8	2

A B C D E F G H I J K L M

N O P Q R S T U V W X Y Z

Reference Box

1	2	3	4 A	5	6	7	8	9	10	11	12	13
14	15	16	17	18	19	20	21	22 N	23	24 M	25	26

18	16	21	7	17	20	15	14	17		13	16	9	14	12
16		1		20		16		14		23		16		16
15	16	3	20	7		15	6	11	11	14	14	22	6	10
19		23		13		10		24		14				20
22	2	16	10	6	7	20	15		21	7	14	8	14	7
6			23		16		23		22		7		8	
10		11	16	3	21	2	6	21	12		16	5	20	12
	22		1		13		26		25		3		2	
15	16	1	22		4	6	21	12	14	11	2	24		22
	22		2		10		14		22		14			16
22	16	22	14	23	24		10	21	10	6	23	20	16	2
23				16		10		22		10		7		16
20	1	22 P	14	10	21	6	21	12		10	6	22	20	15
1		20 I		14		23		14		14		21		14
22	14	10 T	16	2		14	7	10	14	23	20	10	20	12

A B C D E F G H I J K L M

N O P Q R S T U V W X Y Z

Reference Box

| 1 | 2 | 3 | 4 | 5 | 6 | 7 | 8 | 9 | 10 T | 11 | 12 | 13 |
| 14 | 15 | 16 | 17 | 18 | 19 | 20 I | 21 | 22 P | 23 | 24 | 25 | 26 |

80

19		24		22	17	5	1	2	5	11	17	19	19	24
7	16	1	25	17		23		5			1		24	
5		2		1	17	7	16	5	2		21	4	24	24
1	2	16	5	15		16			1		21		1	
15		25		13		19	25	9	24	25	5	9	13	
		19		13	4	10	21		25			14		19
3	4	15	23	1			9		8		2	11	5	6
19		1		13	5	7	25	10	1	9		9		2
9	19	21	2		17		26				5	9	19	11	5
23		9			17		4	15	25	23		17		
2	11	5	7	23	1	23	5			16		1		7
	17		16		23			10		1	2	23	25	17
24	25	15	5		1	24	24	1	25	17		19		5
	2		5			25		12		22	19	17	22	5
25	10	11	17	19	11	17	25	5	23	20		20		18

A B C D E F G H I J K L M

N O P Q R S T U V W X Y Z

Reference Box

| 1 | 2 | 3 | 4 | 5 | 6 | 7 | 8 | 9 | 10 | 11 | 12 | 13 |
| 14 | 15 | 16 | 17 R | 18 | 19 | 20 | 21 | 22 | 23 | 24 F | 25 I | 26 |

85

20	19	9	4	12	21	18		23	14	5	1	1	6	22
21		4		5		5		13		14		5		4
10	20	11	10	1	13	6	11	4		11		12		21
3		5		5		19		10	2	20	4	4	25	4
6		11	4	3	6	18	1	15		12		13		19
19			26		11			14	4	4	3	5	13	22
16	14	20	4		4	10	21	24		19			17	
	6		13		8			11 **B**		18		5		
	19		11		12	6	1	5 **A**		15	6	19	18	
21	4	13	10	17	19	5		19 **N**		4			5	
5		17		12		7	17	16	16	6	19	16		11
16	13	20	12	11	14	4		5		10		4		14
5		11		5		10	4	12	11	14	5	19	1	4
19		14		10		18		12		4		6		18
10	3	4	4	18	14	24		5	11	10	1	4	10	10

A B C D E F G H I J K L M

N O P Q R S T U V W X Y Z

Reference Box

1	2	3	4	5 **A**	6	7	8	9	10	11 **B**	12	13
14	15	16	17	18	19 **N**	20	21	22	23	24	25	26

19	26	3	2	9	19		13	18	3	19	4	6	3	19
24			6		2		2		24			2		7
18	3	23	7	22	24	21	26	10		18			6	6
2			4		19		3	19	24 T	21 I	6 M	2	24	3
11	20	3	26		4	13	19			13				24
	4		24		6		24	2	22	22		19		21
2	25	14	19	6	2	22		6		21	17	21	7	6
26		7		21		7	17	3		26		15		3
24	2	22	9	19		26		26	4	10	10	3	24	19
21		9		5	4	10	19		6		3		2	
1				4		21	6	13		26	3	8	24	
4	26	3	26	17	21	26	10		21		3			3
21		16		10		4	26	11	18	21	24	24	3	26
24		18		3		22			3		21			7
14	7	4	18	19	3	22	12		17	7	16	24	7	18

A B C D E F G H I J K L M

N O P Q R S T U V W X Y Z

Reference Box

| 1 | 2 | 3 | 4 | 5 | 6 M | 7 | 8 | 9 | 10 | 11 | 12 | 13 |
| 14 | 15 | 16 | 17 | 18 | 19 | 20 | 21 I | 22 | 23 | 24 T | 25 | 26 |

83

7	3	2	4	14	7 (T)	2 (I)	13 (N)	24	■	12	2	23	8	6
4	■	23	■	2	■	14	■	13	■	9	■	2	■	8
2	13	9	11	7	■	14	15	12	23	9	8	4	■	14
9	■	4	■	7	■	11	■	25	■	8	■	7	■	7
14	3	20	25	8	4	8	6	■	12	13	15	3	20	4
■	■	23	■	4	■	■	5	■	6	■	■	■	■	20
25	8	9	7	■	6	8	3	11	23	2	6	2	18	1
8	■	7	■	12	■	1	■	2	■	19	■	13	■	8
10	12	11	13	6	4	8	7	7	8	■	16	20	12	4
15	■	■	■	26	■	6	■	■	25	■	15	■	■	
20	4	9	3	12	13	■	18	12	7	2	24	11	8	6
23	■	4	■	15	■	14	■	16	■	13	■	10	■	4
2	■	2	13	8	4	7	2	12	■	24	4	12	22	8
13	■	21	■	13	■	11	■	15	■	8	■	7	■	14
24	4	8	12	7	■	13	12	17	8	6	13	8	14	14

A B C D E F G H I J K L M

N O P Q R S T U V W X Y Z

Reference Box

1	2 (I)	3	4	5	6	7 (T)	8	9	10	11	12	13 (N)
14	15	16	17	18	19	20	21	22	23	24	25	26

88

2	9	9	19	14	14	15	6	22		14		1		14
5			4		23		11		2	9	8	17	15	23
24	19	24	24	19	7	6	22	15		2 **A**		10		7
2			19		2			13	17	5 **L**	23	17	7	19
9	2	22	20	15	20	2	9	12		24 **P**		5		23
2			15		20		3			19		2		9
	16	7	19	19	5	6	2	20		5	17	7	9	3
24			22		19		18		23		22			12
5	6	2	23	3		6	21	23	7	17	20	19	20	
17		11		2			19		19		19			5
18		19		25		21	7	6	26	19	7	2	10	19
21	2	14	18	2	23	15			26		18			10
15		6		7		22	6	13	15	23	15	2	23	19
22	6	18	2	20	14		24		22		22			22
10		19		14		14	23	2	10	10	19	7	19	20

A B C D E F G H I J K L M

N O P Q R S T U V W X Y Z

Reference Box

1	2 **A**	3	4	5 **L**	6	7	8	9	10	11	12	13
14	15	16	17	18	19	20	21	22	23	24 **P**	25	26

9 **C**		19		13		9	14	4	4	10	18	4	20	20
16 **A**	5	5	26	18		16			5		1		1	
10 **R**	1	7		16	9	9	1	10	22	19	5	15	18	12
7	10	4	20	20		14			26		4		25	
		10		14		4	25	4	10	15	10	4	4	5
17	1	17	1	6	16		4		4			2		19
26		4		16			7			9	18	16	19	11
11		9		9	16	22	4	5	24	16		20		6
6	16	7	19	8			10			7		21		26
18		4			16		16		9	16	10	4	20	20
4	5	22	1	3	11	4	5	7		9		10		
	4		26		26			14		18	4	16	9	14
15	10	1	7	4	20	23	26	4	18	12		7	1	4
	25		4		4			10		20	9	4	5	4
10	4	21	10	1	22	26	9	4		11		22		22

A B C D E F G H I J K L M

N O P Q R S T U V W X Y Z

Reference Box

1	2	3	4	5	6	7	8	9 **C**	10 **R**	11	12	13
14	15	16 **A**	17	18	19	20	21	22	23	24	25	26

86

4	5	25	17		24 **L**	5 **A**	11 **B**	23	24		12	5	2	11
13			8	20	23		23		5			11		5
23	22	19	4		5	26	24	4	2	11		23		20
16			16		1		22			15	6	8	20	24
17		4	1	5	10		19	15	2	17			24	
19	23	7		11		22		2		8	20	8	24	23
5		8		24	20	5	11	24	23			19		6
3	20	5	16	10		24		5		25	20	16	17	8
4		20			24	20	9	15	4	16		23		4
18	5	24	8	14		22		8		23		17	15	2
	21			20	16	4	6		23	8	22	19		11
17	23	13	23	6			10		2		5			2
22		23		21	5	24	24	4	26		16	20	24	23
5		16			17		4		8	4	4			6
11	5	11	10		19	5	6	3	10		11	23	5	8

A B C D E F G H I J K L M

N O P Q R S T U V W X Y Z

Reference Box

1	2	3	4	5 **A**	6	7	8	9	10	11 **B**	12	13
14	15	16	17	18	19	20	21	22	23	24 **L**	25	26

20	11	22	16	20		20	10	12	12	14	24	16	16	7
22		23		22		10		21		23				16
11	22 (T)	11 (I)	14 (N)	16	8	23	14	22		22	17	8	12	18
13		14		16		14		8		21		17		21
21	10	22	21	8	14		2	21	16	8	5	11	14	26
1				11		11		14		16		6		
23	8	20	12	14		13	11	14	15		14	12	8	13
14		21		26		13		11		20		13		23
22	12	8	14		3	12	11	14		4	1	16	8	25
		10		26		7		26		8				16
20	16	23	19	23	22	16	8		4	23	14	9	23	20
19		20		22		8		20		10		11		17
23	11	20	1	16		23	14	22	11	10	23	20	22	11
13				23		22		23		16		22		24
10	16	8	24	21	13	16	8	5		7	16	23	1	22

A B C D E F G H I J K L M

N O P Q R S T U V W X Y Z

Reference Box

| 1 | 2 | 3 | 4 | 5 | 6 | 7 | 8 | 9 | 10 | 11 (I) | 12 | 13 |
| 14 (N) | 15 | 16 | 17 | 18 | 19 | 20 | 21 | 22 (T) | 23 | 24 | 25 | 26 |

25	7	8	26	19	12	20	17	26		15	25	4	26	6
24		22		26		19		25		7		14		26
20	17	25	4	3		25	6	19	26	17	25	22		4
14		11		14		3		17		13		20		19
16	25	13	26	14	18	26	19		5	9	12	14	3	26
		16		13			1		25				1
25	15	25	19		4	25	19	25	12	19 **R**	25 **A**	4 **P**	2	1
10		20		1		22		19		6		19		26
10	26	22	22	14	23	1	2	20	4		19	14	25	6
26				16		14				4		18		
11	14	21	7	26	3		14	11	11	7	4	20	26	6
3		7		8		1		19		22		1		26
20		25	4	14	1	3	22	26		4	2	20	25	22
17		20		6		25		1		26		14		18
12	7	22	22	9		19	26	1	20	6	26	17	11	26

A B C D E F G H I J K L M
N O P Q R S T U V W X Y Z

Reference Box

1	2	3	4 **P**	5	6	7	8	9	10	11	12	13
14	15	16	17	18	19 **R**	20	21	22	23	24	25 **A**	26

93

7	25	22	13	23	22	■	11	■	7	■	7	6	23	22
2	■	2	■	20	■	13	22	25	22	23	9	■	■	12
10	15	20	2	21	2	22	1	■	12	■	7	25	20	22
12	■	12	■	9	■	26	■	23	20	13	13	■	■	25
26	6	22	4	22	23	10	25	20	■	■	18	6	22	16
■	13	■	■	10	■	■	24	10	17	6	■	■	■	13
13	6	3	13	4	2	9	3	20	13	■	20	22	13	24
■	2	■	20	■	26	■	20	■	7	■	22	■	16	■
25	16	12	14	■	6	12	21	20	2	13	5	9	2	24
22	■	■	24	2	20	20	■	■	20	■	■	6	■	
24	6	24	6	■	■	4	9	24	16	13	4	22	7	20
20	■	■	7 (P)	9 (I)	12 (N)	5	■	2	■	20	■	7	■	14
2	22	9	25	■	22	■	8	10	23	9	4	9	21	20
22	■	■	20	12	15	9	20	21	■	19	■	12	■	2
25	9	12	24	■	20	■	12	■	8	20	9	26	8	24

A B C D E F G H I J K L M

N O P Q R S T U V W X Y Z

Reference Box

1	2	3	4	5	6	7 **P**	8	9 **I**	10	11	12 **N**	13
14	15	16	17	18	19	20	21	22	23	24	25	26

13 **R**	6	7	6	13	■	7	11	18	22	9	19	11	23	6
11 **A**	■	24	■	6	■	24	■	26	■	19	■	■	■	9
23 **T**	13	4	25	18	18	6	11	25	■	5	8	9	19	10
9	■	13	■	4	■	1	■	11	■	9	■	10	■	3
4	13	11	22	24	6	■	9	19	18	23	9	19	22	23
19	■	■	■	25	■	17	■	12	■	6	■	9	■	■
11	12	20	9	23	■	11	13	6	11	■	18	23	11	15
24	■	25	■	6	■	1	■	13	■	18	■	6	■	11
6	11	18	8	■	11	15	24	6	■	20	11	12	11	20
■	■	23	■	23	■	13	■	12	■	4	■	■	■	15
22	24	11	13	9	19	6	23	■	21	4	23	11	23	4
13	■	19	■	19	■	11	■	21	■	23	■	22	■	4
11	13	10	4	19	■	2	9	24	4	3	6	13	23	14
7	■	■	■	6	■	6	■	4	■	6	■	9	■	24
23	11	16	9	12	6	13	20	8	■	12	4	12	10	6

A B C D E F G H I J K L M

N O P Q R S T U V W X Y Z

Reference Box

1	2	3	4	5	6	7	8	9	10	11 **A**	12	13 **R**
14	15	16	17	18	19	20	21	22	23 **T**	24	25	26

91

23		8		16		3	23	13	14	19	4	19	10	6
3	24	14	19	14	3			3		10		24		3
20		6		26		17	19	11	11	6	17	13	19	14
4		17		23			19		11		4		11	
1	14	6	3	22	4	19	12	20		6	1	19	20	9
11		4		9			6			13		19		
3	21	6	14		25	6	3	14	13	13	25	14	19	1
23				17			13			6				3
13	25	19	14	19	24	5	25	11	9		6	8	26	17
		1		10			6			2		14 (R)		22
18	24	11	6	8		16	14	26	21	19	11	19 (O)	24	23
24		19		11		11				4		13 (T)		13
10	3	20	20	6	7	24	26	20		26		6		3
8		5		13		26			12	3	15	26	20	5
9	6	23	13	6	14	4	3	9		17		20		6

A B C D E F G H I J K L M

N O P Q R S T U V W X Y Z

Reference Box

1	2	3	4	5	6	7	8	9	10	11	12	13 **T**
14 **R**	15	16	17	18	19 **O**	20	21	22	23	24	25	26

Codeword Grid:

26	8	2	24	20	3	■	14	8	6	4	1	3	7	24
10	■	21	■	4	■	■	4	■	1	■	5	■	■	19
3	7	5	21	6	3	6	■	13	■	15	24	14	6	24
4	■	26	■	6	■	26	11	4	1	24	■	10	■	1
19	24	5	20	12	■	18	■	1	■	3	5	24	1	25
4	■	■	26	■	19	14	16	4	20	■	■	23	■	6
6	7	4	19	19	12	■	24	■	15	26	11	24	■	■
3	■	■	19	■	■	3	14	1	16	26	■	26	■	6
■	■	9	14	6	7	■	4	■	21	1	4	17	21	24
6	■	4	■	■	6	10	24	24	25	■	20	■	■	1
26	20	3	24	3	■	5	■	22	■	25	24	8	21	3
9	■	1	■	26	21	4	2	14	■	26	■	26	■	24
4	1	24	5	3	■	6 **S**	■	19	26	1	6	26	26	1
1	■	6	■	14	■	26 **O**	■	■	■	26	■	6	■	20
16	14	6	26	15	4	1 **N**	24	■	9	5	4	3	7	24

A B C D E F G H I J K L M

N O P Q R S T U V W X Y Z

Reference Box

1 **N**	2	3	4	5	6 **S**	7	8	9	10	11	12	13
14	15	16	17	18	19	20	21	22	23	24	25	26 **O**

16	6	5	14	13	9		15	7	5	12	17	14	18	5
6		4		5		21		23		5		20		14
14	8	23	14	20		14	6	25	23	2	23	15	26	13
22		10		20	15	4		5		17		26		5
22	15	12		5		5	13	15	4	19	14	10	6	13
5		14		12			15		6		1		26	
25	15	18	5	13	2	23	17		12	14	1	1	23	2
	11		14		15		3		10		5		15	
3	15	24	2	15	24		5	7	5	12	9	15	26	5
	26		5		5		2			14		6		18
4	5	26	26	23	20	5	13	13		4		2	23	4
14		14		2		26		26 N	23 I	4 P		20		12
25	9	13	4	5	4	13	23	14		15	4	23	26	5
12		14		18		6		4		12		26		13
5	26	20	23	13	2	5	25		6	2	2	5	12	13

A B C D E F G H I J K L M

N O P Q R S T U V W X Y Z

Reference Box

| 1 | 2 | 3 | 4 P | 5 | 6 | 7 | 8 | 9 | 10 | 11 | 12 | 13 |
| 14 | 15 | 16 | 17 | 18 | 19 | 20 | 21 | 22 | 23 I | 24 | 25 | 26 N |

11	3	6	23	25	7	19	14	■	7 **C**	1 **O**	11 **N**	21	1	24
■	8	■	19	■	19	■	24	■	1	■	9	■	■	9
10	8	19	4	9	21	■	3	11	10	3	6	11	3	19
■	10	■	1	■	9	■	10	■	25	■	18	■	■	21
26	■	9	7	1	11	1	26	5	■	19	10	16	9	21
3	■	22	■	■	13	■	10	18	24	2	■	19	■	24
10	3	7	16	15	19	5	■	7	■	2	1	24	7	9
10	■	8	■	19	■	1	■	7	■	3	■	19	■	10
14	24	19	20	11	■	16	■	19	11	22	3	1	18	10
9	■	3	■	12	9	9	24	■	9	■	■	16	■	9
8	3	26	15	1	■	10	18	7	24	1	10	9	■	21
8	■	■	9	■	20	■	10	■	4	■	20	■	17	■
3	11	23	19	8	19	11	25	■	1	14	19	17	18	9
11	■	■	24	■	4	■	3	■	18	■	24	■	3	■
6	8	19	21	8	5	■	7	19	10	9	26	9	11	25

A B C D E F G H I J K L M

N O P Q R S T U V W X Y Z

Reference Box

1 **O**	2	3	4	5	6	7 **C**	8	9	10	11 **N**	12	13
14	15	16	17	18	19	20	21	22	23	24	25	26

95

■	4	26 R	1 A	22 G	26	1	12	13	■	21	■	5	■	1
1	■	■	26	■	25	■	■	26	23	7	19	18	12	22
4	16	12	22	18	17	18	15	25	■	26	■	21	■	18
18	■	■	16	■	24	■	■	21	12	18	20	20	25	13
26	25	20	25	11	11	25	12	13	■	12	■	7	■	1
25	■	11	■	■	25	■	■	11	1	22	■	■	■	13
■	10	16	1	7	21	18	15	25	■	25	11	1	13	25
13	■	17	■	■	21	■	16	■	15	■	■	12	■	15
1	12	24	11	25	■	8	25	6	25	26	1	22	25	■
18	■	■	■	20	18	25	■	■	14	■	■	25	■	15
11	■	2	■	21	■	17	9	12	13	26	1	11	13	9
20	26	9	6	18	21	9	■	■	26	■	5	■	■	3
18	■	18	■	11	■	19	9	12	9	11	9	22	16	25
20	18	12	23	9	11	25	■	■	16	■	24	■	■	12
25	■	13	■	12	■	21	25	1	21	23	25	11	11	■

A B C D E F G H I J K L M

N O P Q R S T U V W X Y Z

Reference Box

1 A	2	3	4	5	6	7	8	9	10	11	12	13
14	15	16	17	18	19	20	21	22 G	23	24	25	26 R

Codeword puzzle grid (numbers 1–26, with W=19, A=17, R=2 given):

19	17	2	16	2	7	6	9	■	15	17	24	21	17	26
2	■	9	■	17	■	■	19	■	■	25	■	9	■	1
7	23	13	19	1	13	■	9	8	7	13	1	4	13	4
10	■	1	■	10	■	16	■	2	■	■	■	13	■	5
8	17	10	8	19	17	14	■	7	10	19(W)	17(A)	2(R)	16	■
■	■	23	■	17	■	9	■	7	■	■	9	■	17	
17	26	9	2	13	■	4	9	18	1	24	7	26	7	10
5	■	■	■	9	■	■	2	■	■	17	■	■	■	13
9	18	5	1	2	1	24	17	26	■	5	9	9	12	9
3	■	17	■	■	■	7	■	7	■	4	■	22	■	
■	23	10	19	9	26	26	■	25	17	1	26	23	2	9
7	■	17	■	■	13	■	13	■	11	■	9	■	10	
6	17	24	21	19	17	4	20	■	13	1	9	2	9	16
9	■	9	■	9	■	■	23	■	■	10	■	2	■	23
14	9	17	4	13	14	■	8	17	2	8	7	14	26	9

A B C D E F G H I J K L M

N O P Q R S T U V W X Y Z

Reference Box

1	2 R	3	4	5	6	7	8	9	10	11	12	13
14	15	16	17 A	18	19 W	20	21	22	23	24	25	26

7	15	10	5	19	24	23		23	3	4	12	3	6	3
15		3			3		21		23					19
19	15	4	8	22	25	15	22	9		24	7	3	18	15
10		3		23		23		1		12		19		22
3	25	25	15	22	19		7	15	10	7	3	13	24	21
18				1		16			15			21		
18		18	6	15	23	22	16	3	25		14	6	22	10
22		6		12		1		23		17		22		15
19	24	24	23		23	24	6	15	8	21	10	19		12
	4			15			19		24					7
3	4	18	2	20	26	15	3		4	1	3	23 M	22 E	10 N
23		22		22		23		11		22		15		3
8	21	6	7	3		18	4	22	21	19	24	10	20	23
22				6		22		4			21			22
6	22	9	21	4	3	25		1	6	21	4	4	22	19

A B C D E F G H I J K L M

N O P Q R S T U V W X Y Z

Reference Box

1	2	3	4	5	6	7	8	9	10 N	11	12	13
14	15	16	17	18	19	20	21	22 E	23 M	24	25	26

98

Codebreaker grid (given letters: 19 = H, 9 = E, 18 = N)

24	20	13	18	14	24	■	9	■	19	9	15	9	10	18
14	■	14	■	■	19	9	18	18	14	■	25	■	20	■
18	20	11	11	8	9	■	1	■	26	■	18	■	1	■
14	■	9	■	■	9	■	15	19	9	20	7	1	14	1
8	■	12	■	23	15	14	21	■	18	■	■	9	■	19 (H)
■	21	20	13	14	■	18	■	6	■	2	14	18	13	9 (E)
22	■	■	10	18	13	15	14	1	9	■	9	■	■	18 (N)
25	7	19	9	15	■	10	■	13	■	14	1	1	10	24
14	■	14	■	8	14	18	13	25	10	5	■	■	■	9
15	20	24	16	21	■	14	■	14	■	20	14	1	19	■
1	■	16	■	■	14	■	13	15	9	4	■	19	■	15
20	12	7	9	15	26	9	15	■	3	■	■	15	■	9
■	8	■	2	■	20	■	14	■	20	3	1	10	20	18
■	25	■	10	■	10	18	5	9	17	■	■	8	■	9
19	9	14	1	9	5	■	9	■	21	9	8	8	20	4

A B C D E F G H I J K L M

N O P Q R S T U V W X Y Z

Reference Box

1	2	3	4	5	6	7	8	9 E	10	11	12	13
14	15	16	17	18 N	19 H	20	21	22	23	24	25	26

Solutions

1

A	W	E	S	O	M	E		S	O	C	I	E	T	Y
M		G		L		L		O		R		L		O
P	R	O	F	I	T	E	E	R		O		A		U
U		I		V		C		C	O	C	K	P	I	T
T		S	H	E	A	T	H	E		O		S		H
A	R	M	Y		R			R	E	D	E	E	M	S
E			P	A	C	I	F	Y		I		A		
E	G	R	E	S	S		O		C	L	A	M	P	S
	N		S		S	E	Q	U	E	L				U
S	U	B	J	E	C	T		R		M	E	N	D	
N		U		R		U	S	E	L	E	S	S		D
E	X	C	I	T	E	D		A		R		C		E
Z		K		I		E	N	T	E	R	T	A	I	N
	L		V		N		E		O		P		L	
E	L	E	M	E	N	T		N	U	R	S	E	R	Y

2

L	E	N	G	T	H		W	H	E	R	E	V	E	R
O		O		O			A		E		I		E	
W	O	N	D	E	R	F	U	L		Q		S		F
E		D		I		P	O	P	U	L	A	T	E	
R	A	C	E		Z	O	O			E			C	
	I		S		O		N	E	W	S		O		T
P	R	E	S	E	N	T		X		T	A	N	G	O
A		E		N		O	V	A		E		U		R
R	E	L	I	C		N		M	O	D	E	S	T	Y
A		S		O	B	E	Y		F		N		U	
C			U			E	L	F		J	I	B	E	
H	E	D	O	N	I	S	T		L		O		N	
U		E		T		K	I	L	O	B	Y	T	E	S
T		A		E		I			A		E		U	
E	A	R	D	R	U	M	S		D	E	D	U	C	E

3

Q	U	I	Z	Z	I	C	A	L		C	Y	N	I	C
U		M		O		I		Y		L		I		O
A	L	A	R	M		V	I	N	T	A	G	E		U
K		G		B		I		X		R		C		N
E	L	I	G	I	B	L	E		B	I	S	E	C	T
		N		E			P		N					L
S	H	I	N		R	E	J	U	V	E	N	A	T	E
A		N		C		C		P		T		P		S
F	I	G	U	R	E	H	E	A	D		A	P	E	S
E				I		O				F		L		
G	L	O	O	M	Y		C	A	P	A	C	I	T	Y
U		X		I		G		R		C		C		I
A		I	G	N	E	O	U	S		T	R	A	C	E
R		D		A		N		O		O		N		L
D	W	E	L	L		G	E	N	E	R	A	T	E	D

4

D	I	S	C	I	P	L	E	S		J		G		R
R			O		O		V		H	O	A	R	S	E
O	V	E	R	S	L	E	E	P		G		A		P
W		P		Y				O	R	G	A	N	Z	A
S	T	R	O	N	G	B	O	X		E		D		I
Y			R		A		A		R		P		R	
	Q	U	A	G	M	I	R	E			S	N	A	K	E
P			T		Y		S		C		U		D	
E	X	P	E	L		E	M	P	H	A	T	I	C	
N		E		I		A		A		R			R	
I		R		B		E	N	U	N	C	I	A	T	E
T	A	F	F	E	T	A		G		M			T	
E		O		R		T	A	X	I	D	E	R	M	Y
N	O	R	M	A	L		I		N		N		P	
T		M		L		D	R	U	G	S	T	O	R	E

104

Solutions

5

```
B . S . I . P H Y S I C I A N
O C E A N . O . W . O . R .
W . N . D I L A P I D A T E D
L A T H E . Y . T . T . N .
. . I . M . P S Y C H I C A L
A L M O N D . Q . H . O . A
D . E . I . U . . T E N O N
V . N . F R E E Z E R . J . C
E N T R Y . L . . E . U . E
R . A . F . C . M A G N E T
B U L L F I G H T . S . C .
. N . I . N . I . U N T I L
D I S T R I B U T O R . I . E
. T . H . S . L . . I . E
X Y L O P H O N E . R . N . K
```

6

```
R A I D . F A T E S . O N E S
E . . R Y E . R . E . U . H
S A G A . N O U G A T . D . U
T . M . C . S . . S T E R N
A . R A K E . S O F A . O .
U S E . I . C . C . R I V E R
R . V . S O A R E D . E . E
A M A S S . J . L . S H R U G
N . M . C O R O N A . S . E
T O P A Z . L . T . R . U R N
. H . E Y E S . S I P S . E
U M B R A . Q . P . R . R
N . A . L A C U N A . O K R A
I . R . W . I . T A X . . T
T I N Y . N U D G E . Y O K E
```

7

```
S E L L S . C H I E F T A I N
U . I . C . H . N . R . . E
N E G L I G E N T . E L D E R
F . H . S . F . E . N . Y . V
L A T E S T . B R A Z E N L Y
O . . O . C . T . Y . A .
W A F E R . H A W K . S M U G
E . I . S . I . I . B . I . A
R A R E . S C A N . E X C E L
. E . C . K . E . Q . . L
J A M B O R E E . T U N D R A
U . A . R . N . T . E . R . N
L U N A R . P R E V A L E N T
E . . A . O . N . T . A . R
P E R P L E X E D . H A M M Y
```

8

```
M A S O C H I S M . P A C E D
E . A . A . N . I . U . A . E
T O X I N . G E N E R I C . A
E . I . C . O . X . V . T . T
R E F L E C T S . Z E N I T H
. . R . R . . . S . Y . . T
W E A K . A U C T I O N E E R
H . G . M . N . Y . R . Q . A
E X E C U T I V E S . J U M P
T . . L . T . . M . I . . I
S H A B B Y . I M M O R T A L
T . M . E . M . A . R . A . I
O . P E R F O R M . A L B U M
N . L . R . S . B . L . L . I
E M E R Y . S T A T E M E N T
```

105

Solutions

9

```
B E W A R E   J   E   E M I T
E   I   O   C O N V E X     O
R E D E P L O Y   I   U S E R
Y   E   M   B L A B       P
L A N D S C A P E     E A S E
  D     U   L E E R       D
B U T T E R B A L L   A L S O
  L   I   S   R   A   N   P
S T A G   O C C U P A T I O N
H     H E R O   S       O
U N I T   M A K E S H I F T
T     N U M B   I   W   N   A
T U B E   U   A N T I Q U E S
L     S H R E W D   S   R   T
E B B S   K   L   W H E E Z Y
```

10

```
S T R A W   D I S P E R S A L
E   E   I   U   I   A       A
Q U I Z Z I C A L   R E A C T
U   N   A   K   V   T   Q   H
E N S U R E   H E N H O U S E
S     D   I   R   Y   A
T A P I R   N E W S   S T U B
E   O   Y   F   A   S   I   U
R U N G   S L U R   U N C U T
      T   K   E   E   P     T
A P O P L E X Y   A P O G E E
M   O   A   I   J   O   L   R
A N N E X   B O O K S H E L F
S     O   L   I   E   A   L
S E V E N T E E N   D U M P Y
```

11

```
T   W   S   E X P E D I E N T
W H I T T L E   I   I   M   E
I   L   U   L U C R A T I V E
T   D   P     K   T E N   M
T E C T O N I C S   R E E L S
E   A   R   A     I   N
R I T E   A L P H A B E T I C
E     J   S   E       O
D I S Q U A L I F Y   W A I L
  M   N     Z   U   W   O
P L U C K   K E E P S A K E S
I   G U Y   H     A   W   T
A G G R A V A T E   B   A   O
N   L   R   K   W O L F R A M
O V E R D R I V E   E   D   Y
```

12

```
S C A M P I   S E Q U E N C E
Y   P   A   K   X   N   E   A
N E P T U N E   P   Z O O M S
O   L   S   T R I V I A L   T
P I E C E   C   R   P R I M E
S   R   S H E E P     T   R
I M P E D E   X   O U G H T
S     P   P L U M P   A   C
  O P E R A   D   P O W D E R
J   A   L E E R Y   K   A
A X I L S   D   U   G Y P S Y
L   N E A R I N G   U   L   F
O F F A L   B   B A S M A T I
P   U   V   L   Y   T   Z   S
Y E L L O W E D   P O T A S H
```

106

Solutions

13

```
E N A M E L   J A W B O N E S
X   L   N   T   L   A   O   O
P A R C H   E M O T I O N A L
A   I   A W N   O   Z   E   A
N A G   N   D E F L E C T O R
S   H   C   T   I   O   K
E N T R E P R E N E U R I A L
  E   A   O   R   G   G   P
G A S T R O E N T E R I T I S
  R   E   L   A   A   A   P
U S E L E S S L Y   V   B O O
P   G   R   O   O B I   L   N
P E R S O N N E L   O V E N S
E   E   D   I   K   L   A   O
R E T R E N C H   L I Q U O R
```

14

```
C O N C E R T O   M A R G I N
  N   R   E   R   E   I     I
M Y S E L F   C L A D D I N G
  X   D   U   H   N   G     H
S   C O W S L I P   T E M P T
T   O   A   D I V A   O     I
E X A M P L E   Q   N Y L O N
W   X   A   A   U   G   L   G
A L I G N   V   E R O T I C A
R   A   S E E P   I   F     L
D E L A Y   S I G N I F Y   E
S   B   M   C   G   O   G
H I G H J A C K   L A R I A T
I   O   Z   E   E   G   T
P I E R C E   T A T T E R E D
```

15

```
  W E R E W O L F   V   C   D
Z   O   I     I S O L A T E
O X I D I Z I N G   L   D   M
N     E   A   M A C H E T E
E N C O U R A G E   A   T   R
D   H   D   N U N         A
  C O V E R L E T   O C C U R
M   K   Y   K   J     O   A
I T E M S   T E L E G R A M
N     E A R   O     T   O
I   Q   M   O U T P A C I N G
C R U C I A L     A   O   L
A   A   N   L U B R I C A T E
B U F F A L O     D   O   D
S   F   L   P L A Y M A T E
```

16

```
M O R I B U N D   J E T S A M
A   A   A     U     X   T   I
C A N A R Y   D I S T R I C T
R   G   G   F   M   R   M   E
O R E G A N O   P L A Q U E
    R   I   R H E A   L   Z
B I S O N   M   D I S L I K E
A     V   M I M I C   Y   S
R E L A X E D   M   D E P O T
B   A   N A M E   E   R
  H U B B U B   N U C L E U S
W   N   R   L   T   L   M   I
E N D G A M E S   M A L I G N
E   R   W   A   R   S   U
P L Y I N G   C R E E P E R S
```

Solutions

17

A	B	R	I	D	G	E		S	O	L	V	I	N	G
N		H		M	U			U		I				O
G	R	I	Z	Z	L	I	N	G		B	H	A	J	I
O		N		O	R			A		R		L		N
S	H	O	D	D	Y		G	R	O	A	N	I	N	G
T			I		F		L			G				
U		Q	U	A	R	R	I	E	D		T	H	U	G
R		U		C	E		L	V		T				E
A	P	E	X		W	E	E	K	D	A	Y	S		N
		L		O		S		N		E				E
J	O	L	L	I	E	S	T		G	I	N	G	E	R
U		E		M		I		R		S		E		A
M	E	D	I	A		G	R	A	P	H	I	C	A	L
P				G		H		N		K		L		L
S	H	A	D	O	W	S		G	E	O	L	O	G	Y

19

C	H	I	P	O	L	A	T	A		J	O	I	N	T
A		N		U		S		R		U		R		I
T	A	C	I	T		P	I	C	N	I	C	K	E	D
C		U		D		E		H		C				A
A	I	R	B	O	R	N	E		W	E	A	S	E	L
L		R		I		G		E		V		X		
L		R	A	C	C	O	O	N	S		O	M	I	T
	B		V		H		T		T		W			T
B	E	T	A		E	P	I	D	E	M	I	C		W
	E		D		S		S		R		N			I
E	F	F	O	R	T		M	A	N	A	G	I	N	G
M			O		I		D		M		R			G
M	I	S	Q	U	O	T	E	D		A	T	O	L	L
E		H		G		C		E		Z		N		E
T	H	Y	M	E		H	A	R	N	E	S	S	E	D

18

R	A	P	I	D	S		R		R	I	D	D	L	E
A		U		U	R	I	N	E		A		I		
D	E	T	E	R	S		N		T		M		M	
A		R		H		S	P	R	I	N	T	E	R	
R		I		M	I	M	E		Y			R		E
	I	D	E	A		A		F		S	H	I	F	T
W				G	A	R	N	I	S	H		E		A
E	L	F	I	N		R		B		E	I	D	E	R
B		I		U	N	E	Q	U	A	L				D
B	U	X	O	M		D		L		V	E	E	R	
E		E		S		P	A	V	E		M			D
D	I	R	E	C	T	L	Y		Y		B			I
	N		R		A		L		I	N	J	E	C	T
	C		N		K	N	O	W	N			D		T
W	H	E	E	Z	E		N		G	R	I	S	L	Y

20

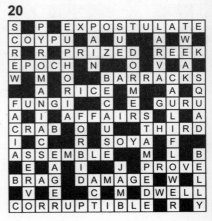

S		P		E	X	P	O	S	T	U	L	A	T	E
C	O	Y	P	U		A		U			A		W	
R		R		P	R	I	Z	E	D		R	E	E	K
E	P	O	C	H		N			O		V		A	
W		M		O			B	A	R	R	A	C	K	S
	M		A		R	I	C	E		M			A	Q
F	U	N	G	I		C		E		G	U	R	U	
A		I		A	F	F	A	I	R	S		L		A
C	R	A	B		O		U		T	H	I	R	D	
I		C		R		S	O	Y	A		F			
A	S	S	E	M	B	L	E		M		L		B	
	E		A		I		J		P	R	O	V	E	
B	R	A	G		D	A	M	A	G	E		W	L	
	V		E		C		M		D	W	E	L	L	
C	O	R	R	U	P	T	I	B	L	E		R		Y

108

Solutions

21

```
S T A R T E D . A C R O B A T
P . S . E . I . B . A . I . I
O P P O N E N T S . P . K . M
T . I . O . G . E D I F I C E
E . C O N J O I N . D . N . L
E . P . A . C A L C I F Y . .
D O P E . C O P E . Y . A . .
. B . N . K . V . T . L . . .
. O . P . P O K E . A X L E .
S E Q U O I A . T . P . X . .
H . U . R . D I S O B E Y . T
A L E R T E D . P . O . E . R
D . U . I . O V E R G R A Z E
O . E . C C . L . E . S . M .
W E D L O C K . L A Y E T T E
```

22

```
C O B W E B . C H E S T N U T
H . A . E . Y . C . E . . . E
O V E R W H E L M . O . S . N
K . B . A . U N Q U O T E D .
E V I L . V A N . N . E . . .
. E . E . E . G L A D . I . R
E X T R U D E . I . R A D I I
N . R . N . V I M . E . . . Z
J O U S T . E . P U L S A T E
O . E . A U R A . N . H . H .
Y . . C . V A T . O V E N . .
A D D I T I V E . U . R . I .
B . E . F . I R O N S T O N E
L . A . U . C . E . E . . . C
E N F O L D E D . D E R I V E
```

23

```
C H R I S T M A S . R E F I T
O . E . P . U . L . E . U . U
P O L A R . C H O W D E R . R
S . I . A . K . W . O . Z . Q
E D G E W A Y S . B U R E A U
. . I . L . O . B . . . . . O
A V O W . T O R T E L L I N I
P . U . L . X . I . E . S . S
P E S T I L E N C E . J O K E
L . . . T . N . . . L . L . .
I B E X E S . A S P I R A T E
C . A . R . S . P . N . T . M
A . S M A L L E R . N A I V E
N . E . R . I . I . E . O . N
T A L L Y . T I G H T E N E D
```

24

```
H O U S E W I F E . J . E . E
E . O . H . E . T U R N I P .
I N F L U E N Z A . G . C . I
G . D . E . . S Q U I R T S .
H Y P E R L I N K . L . Y . O
T . R . I . E . A . P . . . D
. T H I N N E S T . R E T I E
S . N . G . T . D . A . . . S
E L E G Y . O B S E R V E R .
N . N . I . O . C . E . . . B
I . S . E . E X P A N S I V E
L A N O L I N . M . D . A . .
I . A . D . D I A P H R A G M
T U R K E Y . R . E . O . . E
Y . L . D . R E A D O P T E D
```

Solutions

25

```
J   F   A       P R O M O T I N G
U P E N D       I   E   R   Y
D   L   H A Z A R D O U S L Y
O L I V E       Z   I   E   O
    C   R   A C Q U I R I N G
B R I B E D     O   M   M   A
O   T   N       N   C A P E R
W   A   C A N T A T A   O   A
L A T H E       E   T   R   G
E   E   H   X   M A N T L E
R E D I R E C T S       M   A
    P   N   C       A   A C T O R
H O U S E K E E P E R   I   E
    C   E   L       I   A R O M A
C H A T T E R E D       N   N   M
```

26

```
L A Z E     S T I N G       P A L L
U     A F T     G   U       P   O
M O O R     A P L O M B     E   O
B     T     V   O       U P S E T
E     S H O E     O P A L     M
R O W   B   L   L     L O T U S
J   A   E L I X I R     R   U
A P T L Y   Q   A     S L O O P
C   H     F U N N E L     O   P
K N E E L   I   T   O     P A L
    O     E D D Y   L E N S   E
D R A M A     U   A   Y     M
U   T     F A L C O N   M O L E
P   O     L   C     C A P     N
E S P Y     P L A T E     H A L T
```

27

```
S N A P S     E X T R A C T O R
P   U   P     G   A   V       E
H O N E Y C O M B     E Q U A L
E   T   G   S   L   N   N     I
R U S T L E     R E P U B L I C
I       A   F   S   E   U     
C L I P S     R O P E   I C E D
A   N   S   E   O   L   K   O
L I S P   Z E R O   A B Y S M
    I   P   L   N   N       I
A P P R O V A L     A D J O I N
W   I   T   N   S   S   X   A
A D D L E     C O M P L A I N T
S       N   E   U   I   D   E
H E A R T H R U G   P L E A D
```

28

```
J E L L Y L I K E     B R A I D
U   I   A   M   O   A   M   I
D E F E R   P A N A C E A   S
G   E   N   E   S   K   Z   M
E A S T E R L Y     C A M E R A
    A   D   B   C       N
E N V Y   S W E E T H E A R T
X   E   B   I   A   E   B   L
C O R R E S P O N D   C A F E
H       A   E   C   T
E N C O R E   C A B I N E T S
Q   A   I   C   N   R   M   P
U   R A N S A C K   C R E P E
E   O   G   M   L   L   N   E
R E B U S     P R E S E N T E D
```

110

Solutions

29

```
P O L Y P S   B   Q   J A B S
R   O   A   V I C U N A     K
I N V A S I O N   I     Y O G I
S   E   T   I   S T O W     T
M I S H A N D L E     A B U T
  D       I     L U L L     L
W I T C H C R A F T   K I T E
  O   U   E   S   M   E   H
S T U B   S C H O O L R O O M
N     B A T H     S       S
O N L Y       A B S T A I N E D
O     H E L P   P   W   E   O
Z E R O   E   S U F F I X E D
E     L A T H E R   U   U   G
D O S E   S   A   S L U S H Y
```

30

```
F I G H T   S O J O U R N E D
A   E   A   U   E   P       O
C O N T R A L T O   T E M P T
S   U   R   K   P   O   U   E
I N S T A R   W A X W O R K S
M     G   I   R   N   M
I M A G O   N O D E   R U M P
L   V   N   Q   I   E   R   E
E Y E S   B U Z Z   M I S E R
    R   U   I   E   B       S
A L A R M I S T   G A T E A U
T   G   L   I   M   L   T   A
O M E G A   T R I U M P H E D
M     U   O   L   E   I   E
S A U N T E R E D   D I C E D
```

31

```
N   C   C   O V E R B O A R D
A F L O A T     X   R   N   I
R   A   V   C H A R A C T E R
C   T   E   L   N   E   T
I N T E R J E C T   C A N D Y
S   E   N   A   H   N
S O R T   O B L I T E R A T E
U     F   C   D   V
S O U B R I Q U E T   A C N E
  P   E   L   B   A   R
L I G H T   C I R C U I T R Y
O   R   W   H   C   F   B
G L A M O R I Z E   K   I   O
I   D   R   N     C E A S E D
C H E C K M A T E   T   H   Y
```

32

```
D I S M A L   C A R D A M O M
I   H   X       C   R   E   E
S C A R I N G   C   A P R I L
A   K   O   A R R O W   C   O
S T E A M   L   U   S Q U A D
T     R   R E N E W   R   Y
E C Z E M A   O   R A C Y
R     N   V O I C E   U   C
    J A D E   S   C U R D L E
S   O     S P E C K   I   L
L Y N C H   O   L   L O C A L
I   Q   O X I D E   U   O   U
C R U M B   S   F A C T U A L
E   I   B   O     I   R   A
D E L A Y I N G   E D I T O R
```

Solutions

33

S	U	C	K	L	E		Z	E	P	P	E	L	I	N
C		L		O		K		Q		A		O		O
A	P	I	N	G		I	N	U	N	D	A	T	E	S
P		E		J	A	W		I		R		U		E
U	R	N		A		I	M	P	R	E	S	S	E	D
L		T		M		O		U		A		N		
A	S	S	A	S	S	I	N		M	I	N	U	T	E
	A		T		Q		G		B		D		E	
S	U	D	O	K	U		R	E	A	B	S	O	R	B
	C		N		I		E		A		V		L	
H	Y	P	E	R	B	O	L	E		U		E	M	U
O		A		E		D		M	I	X		R		R
P	E	P	P	E	R	O	N	I		I	N	F	E	R
E		A		D		U		R		T		E		E
D	E	L	U	S	O	R	Y		W	E	L	D	E	D

35

	H	I	S	T	O	R	I	C		W		F		Z
F		A		B			O	R	I	G	A	M	I	
E	X	P	L	O	S	I	O	N		L		C		G
A		O		O		D	E	L	V	I	N	G		U
T	R	A	N	S	L	A	T	E		O		A		U
S		C		E		M	O	W		O		L		R
	J	U	N	C	T	I	O	N		Y	U	C	C	A
O		T		E		N		Q		R		T		T
F	L	E	C	K		D	E	B	U	G	G	E	D	
F			I	R	E		E			E		E		F
I		I		N		P	I	N	E	A	P	P	L	E
C	O	N	G	E	A	L		R		A		V		
I		F		T		O	F	F	E	N	S	I	V	E
A	M	E	N	I	T	Y		S		T		R		
L		R		C		S	O	F	T	W	A	R	E	

34

P	L	E	C	T	R	U	M		J	O	K	E	R	S
	I		H		E		I		O		O		U	
F	A	C	I	A	L		S	Y	L	L	A	B	U	B
	R		L		A		L		T		L		S	
G		F	L	Y	T	R	A	P		W	A	I	V	E
R		A		E		Y	O	G	I		L		Q	
E	X	T	R	U	D	E		L		P	I	L	A	U
A		U		L		M		Y		E		E		E
S	T	O	I	C		A		P	A	R	A	G	O	N
E		U		E	V	I	L		D		A			C
P	O	S	E	R		L	I	T	E	R	A	L		E
A		M		F		T		P	N		L			
I	G	N	O	R	A	N	T		T	O	N	S	I	L
N		T		Z		E		L		U		P		
T	H	I	E	V	E		R	O	Y	A	L	I	S	T

36

A	B	D	U	C	T	E	D		F	A	L	C	O	N
W		E		O		O		R		U		E		
A	S	C	E	N	T		T	O	R	T	I	L	L	A
S		O		J		H		K		P		T		
H	I	R	S	U	T	E		A	V	I	A	R	Y	
		U		G		R		P		I		T		
R	U	M	B	A		E	T	I	Q	U	E	T	T	E
O		T		A		N		X		
T	R	A	P	E	Z	I	U	M		D	E	P	O	T
A		D		R		A		E		R		
	T	O	M	A	T	O		T	U	R	N	O	U	T
F		R		N		E		T		F		I
R	A	I	L	W	A	Y	S		R	O	S	I	E	R
O		N		E		O		O		L		E
M	I	G	H	T	Y		B	O	O	K	L	E	T	S

112

Solutions

37

```
C H A P T E R . V I C I O U S
O . M . . E . I . A . . . . P
R E P R I M A N D . N O B L E
N . L . S . P . E . O . R . L
F E E B L E . D O W N F A L L
L . . . A . P . H . . . W . .
O U . K A N G A R O O . P L O P
U . U . D . L . V . F . E . O
R A M P . I M P A I R E D . R
. . Q . . N . L . I . . . . T
S Q U E A K E R . J E S T E R
O . A . P . X . P . Z . U . A
N O T C H . C U R R E N T L Y
I . I . E . I . . . O . . . A
C I T A D E L . M O N G R E L
```

38

```
N I M B U S . K . S E Q U I N
O . A . . W I N C H . U . C . O
U N R I P E . O . E . A . O . N
N . I . A . B U L L Y I N G . L
S . N . E R A S . L . N . N . L
. R E I N . L . A . V O D K A .
A . . J A C U Z Z I . E . . D .
F O L I O . O . A . P I X E L .
F . A . I N V O L V E . . . Y .
I N U R N . E . E . R U N G . .
R . G . R . N A N S . U . . U .
M A H O G A N Y . O . R . T .
. C . U . P . M . R U S S E T
. N . S . I N P U T . . E . E
N E S T E D . H . H I N D E R
```

39

```
A D V O C A T E D . B A L T I
R . Y . R . O . I . O . E . N
C H I N A . P E R J U R I N G
H . N . W . I . T . G . . . O
A N G E L I C A . T H R O A T
I . . X . N . Z . I . E . G .
C . F E A S T I N G . S L O G
. G . G . T . M . H . T . G .
G O R E . E Q U A T I O N . L
. N . T . A . T . E . R . E .
B E H E A D . H O R S E B O X
I . . . N . G . U . A . I . I
B R E A K F A S T . L O G I C
L . G . L . F . E . V . O . O
E M O T E . F O R G O T T E N
```

40

```
J . C . S P E N D T H R I F T
I M A G O . L . U . . A . U .
F . T . F L A N G E . B U Z Z
F E A S T . N . . L . I . Z .
Y . S . W . W E E K D A Y S .
. . T . A F A R . C . G . L .
F U R O R . I . T . P O L O .
O . O . E A R N E S T . R . P
L O P E . C . K . E L A T E .
I . H . Q . L A I R . P . . .
O V E R T U R E . . M . H . U
. I . I . I . V . I D O L S .
A X I S . T A V E R N . B . I
. E . E . R . T . U N I O N .
I N T R A V E N O U S . A . G
```

Solutions

41

```
F O R E L E G ■ C O M P O S E
L ■ A ■ O ■ L ■ L ■ O ■ F ■ X
A U T H O R I Z E ■ S ■ F ■ P
P ■ I ■ S ■ N ■ A C Q U I R E
P R O T E C T ■ N ■ U ■ C A R
E ■ ■ U ■ O ■ E V I D E N T ■
D A W N ■ L E E R ■ T ■ ■ D ■
■ D ■ A C T ■ Y ■ J O B ■ O ■
■ M ■ O ■ H E R O ■ L U M P ■
P I M E N T O ■ K ■ O ■ ■ A ■
E R A ■ T ■ N ■ S E A W E E D
T E R M I T E ■ K ■ L ■ Q ■ D
A ■ I ■ N ■ S P I R I T U A L
L ■ N ■ U ■ T ■ R ■ A ■ E ■
S L A V E R Y ■ T A N G L E D
```

42

```
S T A N Z A ■ E N Q U I R E D
T ■ A ■ C ■ U ■ P ■ A ■ ■ Y
O V E R W H E L M ■ H ■ K ■ S
R ■ W ■ I ■ O B S O L E T E ■
M U C H ■ E L F ■ L ■ ■ ■ N
■ S ■ A ■ V ■ T H I S ■ M ■ T
R E P L I E D ■ E ■ T H E M E
E ■ U ■ S ■ Y A M ■ E ■ N ■ R
C A M E O ■ E ■ P E R J U R Y
T ■ P ■ M A D E ■ X ■ A ■ U
A ■ ■ E ■ V A T ■ Y A M S ■
N E M A T O D E ■ R ■ W ■ E
G ■ O ■ R ■ I N C A P A B L E
L ■ O ■ I ■ M ■ C ■ L ■ ■ M
E N R I C H E D ■ T O K E N S
```

43

```
A F F I D A V I T ■ A P P L E
W ■ O ■ R ■ I ■ E ■ F ■ A ■ M
A G R E E ■ P L A Y F U L ■ B
K ■ E ■ S ■ E ■ K ■ L ■ E ■ E
E M I S S A R Y ■ Q U A R T Z
■ ■ G ■ Y ■ ■ ■ G ■ E ■ ■ Z
J U N K ■ M E C H A N I C A L
A ■ E ■ C ■ X ■ E ■ T ■ R ■ E
C O R R O S I V E S ■ F U N D
A ■ ■ N ■ T ■ ■ ■ E ■ S ■ ■
R E B U F F ■ P L A N T A I N
A ■ E ■ I ■ S ■ O ■ G ■ D ■ O
N ■ F A N A T I C ■ U N I O N
D ■ I ■ E ■ U ■ A ■ L ■ N ■ E
A C T E D ■ B U L L F I G H T
```

44

```
P H Y S I C I S T ■ R ■ Z ■ S
U ■ T ■ H ■ K ■ R E S I S T
P Y R O M A N I A ■ F ■ L ■ A
I ■ C ■ R ■ ■ S Q U A L O R
L O C K S M I T H ■ S ■ I ■ F
S ■ P ■ I ■ E ■ ■ A ■ O ■ I
■ F R I E N D L Y ■ L I N K S
R ■ L ■ G ■ L ■ F ■ M ■ ■ H
E X C E L ■ L I N E S M A N ■
A ■ O ■ A ■ N ■ A ■ O ■ ■ B
D ■ N ■ N ■ A G G R A V A T E
J A C K D A W ■ S ■ A ■ ■ A
U ■ E ■ I ■ E N T O M B I N G
S H R A N K ■ E ■ M ■ L ■ L
T ■ T ■ G ■ R E F E R E N C E
```

Solutions

45

```
O   U   H   S T A T U T O R Y
P A N D A   C     W   E   U
U   C   R E A C T I O N A R Y
S C O L D   L   N   O   A
    N   L   D R A G O N F L Y
Z I N N I A   A   E   R   A
E   E   N   V     D E I G N
N   C   E X P I A T E   G   K
I N T E R     O   T   H   E
T   E   Q   L   J O T T E D
H Y D R A U L I C   N   F
  A   I   A   L   A B U T S
T R A N S L U C E N T   L   E
  D   S   M   A   O W L E T
A S C E N S I O N   R   Y   S
```

46

```
S A G A   S W E A T   B O W L
C     G N U   A H   R   A
H A R E   R E V I E W   A   Z
O   N   G   E   A L L E Y
L   S T Y E   S U D S   G
A G E   U   W   S   H E D G E
S   N   L E A D E N   A   L
T R I T E   P   F   J U M B O
I   O   V I C U N A   P   Q
C A R D S   T   L   C   E M U
  T   C H I C   S K I N   E
S E P I A   O   L   N   N
A   A   R E T Y P E   F A C T
L   N   K   P   E Y E   L
T E E M   E X U L T   R A C Y
```

47

```
S C A L D   T E R R I F I E D
O   L   E   E   N       R
M A I L B O X E S   J A Z Z Y
E   A   I   T   C U E   L
W I S E L Y   P H A R M A C Y
H   I   Q   E   E   L
E V E N T   U N D O   C O O P
R   Y   Y   A   U P   U   A
E W E R   I D O L   R I S K Y
    B   K   R   E   E   M
S P A C E M A N   I G U A N A
H   L   T   N   A   N   B   S
A L L O T   G U I T A R I S T
R   L   L   D   N   D   E
P E R S E V E R E   T H E I R
```

48

```
E X P E C T A N T   S L O O P
M   O   H   U   A   P   U   A
B A T H E   D I S J O I N   R
E   P   E   I   K   R   C   T
D O O R K N O B   C A R E E R
    U   Y   I   D       I
A C R E   Q U A N T I F I E D
P   R   N   P   C   C   R   G
P H I L O S O P H Y   F R E E
R       W   N       M   I
O U T L A W   A C R O S T I C
V   A   D   K   R   R   A   H
I   S T A M I N A   A M B L E
N   T   Y   L   Z   S   L   A
G U E S S   O V E R S L E E P
```

115

49

```
S C R E E N   O   A   A I L S
C   E   L   S I D L E D     Y
R E P R I S A L   G   J E E R
U   E   T   R   S A L E     I
B A L L E R I N A     C L A N
  O       E   G O U T     G
P R O P A G A T O R   I S L E
  T   R   G   I   A   V   O
G A V E   A S C E N D E N C Y
A     S K E W     G       K
Z I N C     U N D E R P A S S
E     R E A M   E   E   D   A
T A X I   C   P A R A Q U A T
T     B E H A L F   D   L   Y
E L S E   E   Y   O Y S T E R
```

50

```
U N C U T   D E F R O S T E D
P   A   E   I   L   U     O
H Y D R A N G E A   T O P A Z
O   E   R   S   M   F   R   E
L E T H A L   O B L I V I O N
S     W   T   O   T   C
T I B I A   O N Y X   S K I P
E   R   Y   U   A   R   L   E
R E A D   B R A N   E V E N S
    V   R   N   T   C     T
S O U V E N I R   B O N S A I
E   R   H   Q   E   U   C   L
L L A M A   U N D E R T A K E
L     N   E   D   S   L   N
S P R I G H T L Y   E J E C T
```

51

```
Q   R   A   J U S T I F I E D
U P H O L D     W   M   M   A
A   I   I   H E A D B O A R D
R   Z   G     N   E   G   D
T O O T H P I C K   C H E W Y
E   M   T     U     I   R
R E E D   B R I C K L A Y E R
E     M     S     E     E
D I S M I S S I V E   S T O P
  H   S     N     M   R   O
P S A L M   D E X T E R O U S
R   D   A   I     M   D   S
E X I S T E N C E   B   D   E
S   E   C   A   R E C E S S
S U R C H A R G E   R   N   S
```

52

```
D I L U T E   S C R E W T O P
I   U   O   H   P   O   O
P A R A D E S   I   O V E R T
L   I   A   A N N E X   N   E
O D D L Y   G   T   Y E A R N
M     Y   J A Z Z Y   I   T
A K I M B O   E   I D O L
T     P   I S S U E   F   I
  S H U N   T   L I F T E D
S   Q     T O Y E D   E   L
T H U M B   R   P   C R A T E
R   A   A L I B I   O   L   N
E A R L S   G   C O L L I D E
A   E   I   I       O   V   S
M I D D L I N G   U N L E S S
```

Solutions

53

K	A	R	A	T	E	░	R	E	Q	U	E	S	T	S
I	░	I	░	H	░	I	░	D	░	N	░	A	░	O
N	I	C	E	R	░	D	R	I	Z	Z	L	I	N	G
G	░	H	░	O	W	E	░	C	░	I	░	N	░	G
D	O	E	░	U	░	A	N	T	I	P	A	T	H	Y
O	░	S	░	G	░	O	░	M	░	L	░	E	░	░
M	A	T	C	H	B	O	X	░	B	R	O	I	L	S
░	B	░	R	░	R	░	I	░	U	░	O	░	L	░
S	A	L	A	M	I	░	O	V	E	R	F	L	O	W
░	T	░	W	░	E	░	U	░	O	░	O	░	R	░
J	E	L	L	Y	F	I	S	H	░	S	░	N	E	E
I	░	I	░	E	░	D	░	O	D	E	░	G	░	S
V	A	N	D	A	L	I	S	M	░	T	R	E	A	T
E	░	E	░	S	░	O	░	E	░	T	░	S	░	L
S	A	N	C	T	I	T	Y	░	S	E	T	T	L	E

54

Q	U	A	N	T	I	T	Y	░	T	O	E	C	A	P
░	L	░	O	░	N	░	E	░	R	░	X	░	░	A
I	N	V	O	K	E	░	A	B	A	T	T	O	I	R
░	A	░	S	░	X	░	R	░	P	░	R	░	░	E
T	░	D	E	F	A	U	L	T	░	M	A	S	O	N
I	░	E	░	░	C	░	Y	O	G	A	░	E	░	T
T	H	W	A	R	T	S	░	P	░	N	O	R	T	H
I	░	D	░	U	░	W	░	A	░	I	░	I	░	E
L	A	R	K	S	░	I	░	Z	E	A	L	O	U	S
L	░	O	░	T	I	N	T	░	J	░	U	░	I	░
A	M	P	L	Y	░	G	A	S	E	O	U	S	░	S
T	░	░	A	░	S	░	N	░	C	░	N	░	M	░
I	N	T	R	E	P	I	D	░	T	E	D	I	U	M
O	░	░	G	░	I	░	E	░	O	░	U	░	T	░
N	E	W	E	S	T	░	M	U	R	D	E	R	E	R

55

░	N	A	M	E	D	R	O	P	░	Z	░	E	░	S
J	░	U	░	I	░	░	R	O	O	F	T	O	P	░
E	X	P	L	O	S	I	V	E	░	O	░	H	░	A
T	░	C	░	C	░	░	C	O	L	L	I	E	R	░
T	E	C	H	N	I	Q	U	E	░	O	░	C	░	S
Y	░	H	░	░	P	░	D	O	G	░	░	░	░	E
░	B	A	S	E	L	I	N	E	░	Y	O	K	E	L
C	░	N	░	E	░	I	░	W	░	░	N	░	░	Y
A	C	T	O	R	░	O	P	E	R	A	T	O	R	░
R	░	░	A	S	P	░	░	A	░	░	W	░	░	P
A	░	P	░	I	░	P	R	O	N	O	U	N	C	E
P	A	R	T	N	E	R	░	G	░	P	░	░	░	R
A	░	A	░	B	░	E	P	I	L	E	P	T	I	C
C	O	W	B	O	Y	S	░	░	E	░	E	░	░	H
E	░	N	░	W	░	S	O	L	D	E	R	E	D	░

56

S	K	I	P	J	A	C	K	░	C	A	U	C	U	S
L	░	N	░	A	░	E	░	░	T	░	H	░	░	A
A	F	F	A	I	R	░	G	R	E	E	T	I	N	G
N	░	A	░	L	░	A	░	A	░	░	M	░	░	A
G	I	N	G	H	A	M	░	F	A	T	H	E	R	░
░	░	C	░	O	░	I	░	T	░	R	░	░	░	B
B	A	Y	O	U	░	D	E	S	I	G	N	A	T	E
E	░	░	░	S	░	M	░	R	░	░	░	░	░	V
A	R	A	B	E	S	Q	U	E	░	A	M	I	T	Y
K	░	V	░	░	U	░	X	░	P	░	N	░	░	░
░	T	O	R	Q	U	E	░	A	B	E	T	T	E	R
A	░	C	░	░	L	░	M	░	S	░	E	░	░	A
F	L	A	G	P	O	L	E	░	C	H	I	N	T	Z
A	░	D	░	I	░	░	L	░	░	O	░	S	░	O
R	E	O	P	E	N	░	K	N	I	T	W	E	A	R

Solutions

57

```
E V A S I V E   S T A R V E D
V   B     B   I   G         I
A V A I L A B L E   A S S E T
P   T   O   S   V   V   W   C
O V E R D O   F E V E R I S H
R     G   Z   A       F
A   S K E L E T O N   S T U N
T   K   R   R   N   F   L   E
E V E N   P O L Y G A M Y   R
    T   E   X   C         V
J A C Q U A R D   V I R A G O
U   H   P   O   O   A   T   U
M A Y B E   P A V I L I O N S
P     N   E   E   L   L   L
Y I E L D E D   N O V E L T Y
```

58

```
E X O D U S   B   I M P A L A
M   P     T H R U M   O   I
P L A S M A   O   P   P   M
T   Q     L   O V E R S T E P
Y   U   F E E D   L   I   R
  J E L L   N   S   K O A L A
S   I M A G I N E   R   Y
W A G O N   M   L   T E A S E
E   N   C O E X I S T   R
A B A S H   L   C   L A M P
T   R   P   H A Z E   I   A
Y U L E T I D E   I   M   L
  R   V   E   N   L A M I N A
  E   I   T U N I C   C   R
G A L L E Y   A   H A N S O M
```

59

```
A P P L E J A C K   C A L V E
E   L   I   R   N   H   E   L
R O U N D   E X E C U T I V E
O   M   E   N   W   T   G
S U B U R B A N   B E L F R Y
O   N   A   U   E   O   U
  B A L S A M I C   C U B E
  Z   L   H   B   A   K   Y
Y O G I   F R E Q U E N T   B
  N   K   U   R   S   U   E
B E F E L L   S P E C T R U M
A   A   B   L   A   O   U
R E S U R F A C E   R E A M S
G   I   C   R   A   G   C   E
E A R T H   B E T R O T H E D
```

60

```
C   D   D E H Y D R A T I N G
H O R D E   E   O     O   U
U   E   S H E A T H   W O M B
T R A D E   L   O   E   B
E   D   R   S P Y G L A S S
    N   T I M E   D   C   Y
P R O V E   L   E   S C A N
O   U   D E A F E N S   U   O
L O G O   Q   I   H U M I D
K   H   U   S H O E   U
A S T O N I S H   E   L   H
  Y   X   P   D   P L A Z A
C L U B   S H R E W D   T   R
  P   O   U   L   O Z O N E
S H O W J U M P I N G   R   M
```

118

Solutions

61

```
B A Z O O K A     R E P R O O F
R   O   K   D   E   I   R   L
E G O M A N I A C     Q   A   E
V   M   P   E     E Q U I N O X
I   S T I M U L I     A   G   E
T   A   U       P I N H E A D
Y A W N   S K I T     T   X
    P   K   K       M   J   L
    S   L     S I L O     E V E R
R E A L I S M     T     E     I
E   I   K     O R C H A R D     C
B E R S E R K     O   U   R     K
U   I   N     I M M E D I A T E
F   E   E     N     I   I   K   T
F I R E D O G     C O O K E R Y
```

62

```
J E T S A M     R I C O C H E T
A     P   U   M   N   A   H
P E N I N S U L A     S   Z   I
E   T   K     E M P L O Y E R
D A F T   R A N     A     T
  G   L   A   T H O U     K   I
P O V E R T Y     E     G R I M E
R   O   E     O A R     H   W   T
E X T O L   K     O S T R I C H
D   E     I T E M     I   E   A
I     Q       O W L     P U N T
C H E R U B I C     E   U   I
T   F   A     S K I N F L I N T
O   T   R   L     C   S   L
R E S T Y L E D     E M E R G E
```

63

```
C R E S C E N D O     C H I M P
A   A   H   I   G   H   N   U
R I V E R   C O L L E C T     R
E   E   O   E   E   S   E   C
R O S E M A R Y     S T A R C H
    D   E     K   N     A
O K R A     O B S E Q U I O U S
V   O   U   R   E   T   L   E
E X P E N D A B L E     A F A R
R   G   T       Z   A
J O V I A L     H I B I S C U S
O   E   I   S   N   P   T   W
Y   G E N E T I C     P H O T O
E   A   L   E   U   E   R   R
D A N D Y     P O R T R A Y E D
```

64

```
C H E C K M A T E     A   I   P
H   O   A   W   M U R M U R
O V E R T H R O W     D   P   O
U   N   A     A Z I M U T H
G R O C E R I E S     T   T   I
H   R   A   X   O   E   B
  F L A P J A C K     R A D I I
M   K   A   L   M   T   T
A M B E R   Q U A I N T L Y
H   R   I   D   G   E   D
O   E   D   M E T R O N O M E
G R A N D M A     A   U   A
A   D   L   N O M I N A T E D
N U T M E G   W   N   T   L
Y   H   D   I N D E C E N C Y
```

Solutions

65

```
W   D P   B R U T A L I T Y
I C I E R   U   O   A   I
T   S   A N T I Q U A R I A N
S P R I G   C   C   G   R
    E   M   H E X A G O N A L
J A G U A R   X   N     I   A
A   A   T   S P Y   P Y G M Y
M   R   I S O L A T E   H   M
M E D I C   P A W   N   T   A
E   E     F   I   V I S I O N
D O D D E R I N G     T   N
  B   I   E   R   E A G E R
R E I N S E R T I O N   A   I
  S   E   Z   N   C O L O N
D E B R I E F E D     E   E   K
```

66

```
O K R A   S Q U A T   A J A R
M     V I A   M   A   U   A
N O V A   L I B I D O   M   C
I     I   V   E     R E P A Y
P   C L U E   L A Z Y   G
O U R   N   O B   X E N O N
T   E   I M P A R T   E   O
E R E C T   P   O   C L E F T
N   P   T O M A T O   D   E
T R Y S T   S   D   M   L O W
  A   O P E N   E A S E   O
S P O R T   I   R   P   R
L   P   E A R N E R   A B U T
O   A   D   T   O P T   H
P E L T   O T H E R   E N V Y
```

67

```
F E V E R   E X E M P L A R Y
A   I   H   D   X   O     I
N O S T A L G I A   D R A K E
T   O   P   E   C   I   B   L
A R R E S T   R E Q U I R E D
S     O   S   R   M   E
T E P I D   H O B O   W A R P
I   R   Y   O   A   D   S   A
C R E W   S W A T   E N T E R
  T   B   J   E   M     T
H A Z E L N U T   W E T T E R
U   E   A   M   N   N   U   I
M E L O N   P L A S T E R E D
U     C   E   M   I   N   G
S U R C H A R G E   A I S L E
```

68

```
C O C K R O A C H   W I P E R
O   O   I   P   O   I   E   E
N I N O N   A C R Y L I C   P
I   S   G   C   N   F   A   A
C A T H E T E R   Q U I N S Y
    R   R     N   L     M
C L U B   Z A B A G L I O N E
H   C   J   K   P   Y   X   N
E N T H U S I A S M   M I N T
C     N   N       C   D
K I R S C H   A C C O L A D E
L   A   T   C   A   L   T   N
I   V O U C H E R   L O I N S
S   E   R   I   V   A   O   U
T E N S E   C L E A R A N C E
```

69

```
P A L A T E   C   C   L A N E
I   I   R   G A T E A U   Y
Z I G G U R A T   D   B A N E
Z   H   E   L   W E I R   B
A F T E R M A T H     I D E A
  L   A   E P I C     L
C A N N E L L O N I   A X I L
  M   O   I   V   Q   N   N
N E T S   G R A D U A T I N G
O     T U N A     E     E
T U B A   C A R D B O A R D
I   L U C K   O   R   L   R
C L O G   O   J A P O N I C A
E   I N D O O R   T   E   P
D I S C   E   Y   C H A N C E
```

70

```
T R O T S   S E B A C E O U S
A   C   E   P   R   U   W
R E T E N T I V E   P R I Z E
A   E   T   N   A   F   P
N A T U R E   A D J U T A N T
T   I   F   C   L   T
U R I N E   L U R K   L E A F
L   C   S   Y   U   L   A
A P E X   S C U M   B U Y E R
  B   Q   A   B   S   M
A D E Q U A T E   S E N S E S
S   R   I   C   V   S   M   T
P A G E R   H A I L S T O N E
I   K   E   E   E   K   A
C O R K S C R E W   D R Y A D
```

71

```
S   M   A   F I S H E R M A N
T H I R T Y   H   L   A   E
A   N   T   S C A R E C R O W
R   I   I   V   P   T   L
G A B E R D I N E   H A I R Y
A   U   E   E   A   N
Z E S T   Q U A R A N T I N E
E     J   R   T   X
R E S P E C T I V E   T R I P
  P   T   N   T   E   O
S T I N T   I G N O R A M U S
T   K   I   D   E   A   I
R E I S S U I N G   A   R   T
I   N   O   O   S T E R E O
P A G I N A T E D   Y   Y   R
```

72

```
Z Y G O T E   L I T I G A T E
U   A   H   N   S   N   X
C O N V I C T   D   L I T H E
C   G   R   O L I V E   H   R
H O S E D   G   G   T A R O T
I     A   M A J O R   A   S
N I G G L E   I   I B E X
I   L   L O N G S   S     I
  P E R T   G   K I T T E N
Q   U   S H O W Y   E   T
U N F I T   U   A   P R I O R
I   F   I N D E X   I   D   I
V Y I N G   D   Y E L L I N G
E   N   E   L     O   O   U
R E S E R V E D   S T A T U E
```

Solutions

73

```
S C A N T Y ■ P I Q U A N C Y
T ■ M ■ I ■ S ■ D R ■ E ■ O
R U M E N ■ T R I G G E R E D
E ■ O ■ F L U ■ O ■ E V ■ E
T A N ■ O ■ B O M B S H E L L
C ■ I ■ I ■ R ■ E ■ A ■ O
H E A D L O N G ■ L E V I T Y
■ N ■ W ■ U ■ A ■ O ■ O ■ U
J E W E L S ■ N E W S C A S T
■ M ■ L ■ E ■ Z ■ O ■ I ■ H
A Y A T O L L A H ■ P ■ R U E
L ■ C ■ R ■ O ■ O U R S ■ R
B A R R A C U D A ■ A L I V E
U ■ E ■ T ■ T ■ X ■ N ■ C ■ B
M A S S E U S E ■ J O C K E Y
```

74

```
Q U O T I E N T ■ C A J O L E
■ G ■ A ■ X ■ H ■ H ■ U ■ M
F L A N G E ■ R A I N D R O P
■ Y ■ G ■ C ■ O ■ N ■ G ■ O
T ■ M O D U L A R ■ R E N E W
O ■ A ■ T ■ T A K E ■ E ■ E
W O R S T E D ■ Z ■ C O W E R
N ■ R ■ H ■ A ■ O ■ A ■ B ■ M
S K I E R ■ R ■ R E P R O V E
P ■ E ■ E W E S ■ N ■ R ■ N
E N D O W ■ S W O L L E N ■ T
O ■ W ■ D ■ I ■ A ■ A ■ W
P A C I F I S T ■ R U S S E T
L ■ N ■ V ■ C ■ G ■ E ■ B
E N I G M A ■ H E E D L E S S
```

75

```
■ D O M E S T I C ■ J ■ P ■ E
S ■ A ■ U ■ ■ R H O D I U M
H A R M O N I C A ■ L ■ X ■ B
A ■ B ■ L ■ V I T R I O L ■ L
P A P A R A Z Z I ■ I ■ E ■ A
E ■ L ■ M ■ N A N ■ ■ Z
■ Q U I P P I N G ■ G E C K O
F ■ M ■ S ■ O ■ R ■ Y ■ N
E R E C T ■ S W O O N I N G ■
R ■ W O E ■ W ■ I ■ E
O ■ W ■ I ■ E V I D E N C E D
C R O S S E D ■ I ■ O ■ I
I ■ R ■ T ■ P O W E R B O A T
T O R P E D O ■ S ■ L ■ S
Y ■ Y ■ D ■ D I S T R E S S ■
```

76

```
B E S M I R C H ■ S E Q U E L
A ■ U ■ T ■ I ■ L ■ R ■ A
N I C K E L ■ S C A F F O L D
J ■ T ■ R ■ Z ■ I ■ L ■ Y
O R I G A M I ■ V O O D O O ■
■ O ■ T ■ N ■ E ■ G ■ A
F U N G I ■ C A T A C L Y S M
I ■ O ■ P ■ A ■ O
S T R A N G L E R ■ S T A C K
H ■ E ■ I ■ O ■ T ■ G
■ W A R D E N ■ U T I L I T Y
O ■ C ■ E ■ X ■ G ■ T ■ E
N U T R I E N T ■ B A N A N A
U ■ O ■ N ■ I ■ T ■ T ■ R
S T R I K E ■ N I N E T E E N
```

Solutions

77

```
S H E R I F F   B I G O T E D
I   A     I     A   I       E
D A R E D E V I L   Z O N A L
E   L   U   E   S   M   E   T
B O Y I S H   M A J O L I C A
O     T   C   U       T
A   Q U E E R E S T   W H I P
R   U   R   U   U   A   E   U
D R A W   E X E C U T O R   T
    R   G   K   T       R
A N T E L O P E   P A L A T E
M   E   A   I   P   C   I   F
P A R E R   S P A G H E T T I
L   V   T   L       C   E
E X P I A T E   P U N C H E D
```

78

```
M A R O O N   A   V E R I T Y
U   E     U N T I E   A     A
M O A N E D   L   N   V   X
M   M   G   A C A D E M I A
Y   E   H E M S   L   U   S
  A R M Y   I   T   T U F T S
C     P A N N I E R   T   E
L U R C H   N   D   E X I S T
O   U   E M O T I O N     S
W O M A N   W   E   D O P E
N   B   M   O R G Y   A   Q
S W A S T I K A   N   E   U
  H   M   N   K   A Z A L E A
  I   U   D R U M S   L   C
I M A G E S   M   H I J A C K
```

79

```
J A U N D I C E D   G A Z E S
A   M   I   A   E   R   A   A
C A B I N   C O F F E E P O T
K   R   G   T   Y   E     I
P L A T O N I C   U N E V E N
O   R   A   R   P   N   V
T   F A B U L O U S   A X I S
  P   M   G   Q   W   B   L
C A M P   H O U S E F L Y   P
  P   L   T   E   P   E   A
P A P E R Y   T U T O R I A L
R     A   T   P   T   N   A
I M P E T U O U S   T O P I C
M   I   E   R   E   E   U   E
P E T A L   E N T E R I T I S
```

80

```
O   F   G R E A S E P R O O F
C H A I R   T   E     A   F
E   S   A R C H E S   B U F F
A S H E N   H     A   B   A
N   I   D   O I L F I E L D
  O   D U M B   I     X   O
J U N T A   L   V   S P E W
O   A   D E C I M A L   L   S
L O B S   R   Q   E L O P E
T   L   R   U N I T   R
S P E C T A T E     H   A   C
  R   H   T   M   A S T I R
F I N E   A F F A I R   O   E
  S   E   I   Z   G O R G E
I M P R O P R I E T Y   Y   K
```

123

81

```
U N K E M P T . F L A C C I D
P . E . A . A . R . L . A . E
S U B S C R I B E . B . M . P
W . A . A . N . S Q U E E Z E
I . B E W I T C H . M . R . N
N . V . B . . L E E W A R D .
G L U E . E S P Y . N . O . .
. I . R . X . . B . T . A . .
. N . B . M I C A . H I N T .
P E R S O N A . N . E . A . .
A . O . M . J O G G I N G . B
G R U M B L E . A . S . E . L
A . B . A . S E M B L A N C E
N . L . S . T . M . E . I . T
S W E E T L Y . A B S C E S S
```

82

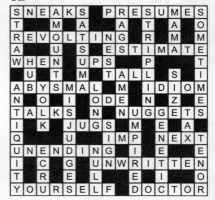

```
S N E A K S . P R E S U M E S
T . M . A . A . T . A . O . .
R E V O L T I N G . R . M . M
A . U . S . E S T I M A T E .
W H E N . U P S . P . . T . .
. U . T . M . T A L L . S . I
A B Y S M A L . M . I D I O M
N . O . I . O D E . N . Z . E
T A L K S . N . N U G G E T S
I . K . J U G S . M . E . A .
Q . . U . . I M P . N E X T .
U N E N D I N G . I . E . E .
I . C . G . U N W R I T T E N
T . R . E . L . E . I . O . .
Y O U R S E L F . D O C T O R
```

83

```
T H I R S T I N G . A I M E D
R . M . I . S . N . P . I . E
I N P U T . S C A M P E R . S
P . R . T . U . W . E . T . T
S H O W E R E D . A N C H O R
. . M . R . . Q . D . . O . .
W E P T . D E H U M I D I F Y
E . T . A . Y . I . X . N . E
L A U N D R E T T E . B O A R
C . . J . D . . W . C . . . .
O R P H A N . F A T I G U E D
M . R . C . S . B . N . L . R
I . I N E R T I A . G R A V E
N . Z . N . U . C . E . T . S
G R E A T . N A K E D N E S S
```

84

```
A C C E S S I O N . S . J . S
L . X . T . W . A C Q U I T .
P E P P E R O N I . A . G . R
A . E . A . V U L T U R E . E
C A N D I D A C Y . P . L . T
A . I . D . H . E . A . C . .
. F R E E L O A D . L U R C H
P . N . E . M . T . N . . . Y
L O A T H . O B T R U D E D .
U . W . A . E . E . E . . . L
M . E . Z . B R O K E R A G E
B A S M A T I . . K . M . G .
I . O . R . N O V I T I A T E
N O M A D S . P . N . N . N .
G . E . S . S T A G G E R E D
```

Solutions

85

C · I · F · CHEERLESS
ANNUL · A · N · O · O
ROT · ACCORDINGLY
TRESS · H · U · E · V
· R · H · EVERGREEN
JOJOBA · E · E · X · I
U · E · A · T · CLAIM
M · C · CADENZA · S · B
BATIK · R · T · P · U
L · E · A · A · CARESS · S
ENDOWMENT · C · R
· E · U · U · H · LEACH
GROTESQUELY · TOE
· V · E · E · R · SCENE
REPRODUCE · M · D · D

86

OAFS · LABEL · JAMB
V · TIE · E · A · B · A
ECHO · APLOMB · E · I
RS · R · K · C · UNTIL
S · OKAY · HUMS · L
HEX · B · C · M · TITLE
A · T · LIABLE · H · N
DIARY · L · A · FIRST
O · I · LIQUOR · E · O
WALTZ · C · T · E · SUM
· G · IRON · ETCH · B
SEVEN · Y · M · A · M
CA · E · GALLOP · RILE
A · R · S · O · TOO · N
BABY · HANDY · BEAT

87

SITES · SPOONFEED
T · A · T · P · U · A · E
ITINERANT · THROB
M · N · E · N · R · H · U
UPTURN · QUERYING
L · I · I · N · E · Z
ARSON · MINX · NORM
N · U · G · M · I · S · A
TORN · JOIN · CLERK
· P · G · D · G · R · E
SEAWATER · CANVAS
W · S · T · R · S · I · H
AISLE · ANTIPASTI
M · A · T · A · E · T · F
PERFUMERY · DEALT

88

AUBERGINE · JAPED
X · L · E · R · A · U · O · E
INAPT · ADRENAL · P
O · C · O · T · N · K · I · R
MAKEOVER · ZYGOTE
· M · K · S · A · S
AJAR · PARAGRAPHS
F · I · S · L · R · D · R · E
FELLOWSHIP · ROAD
E · M · O · P · V
COQUET · OCCUPIED
T · U · B · S · R · L · S · E
I · APOSTLE · PHIAL
N · I · D · A · S · E · O · V
GULLY · RESIDENCE

Solutions

89

```
P L A S M A   J   P   P U M A
R   R   E   S A L A M I     A N
O V E R D R A W   N   P L E A
N   N   I   G   M E S S     L
G U A C A M O L E     Q U A Y
  S     O     T O F U     S
S U B S C R I B E S   E A S T
  R   E   G   E   P   A   Y
L Y N X   U N D E R S K I R T
A     T R E E   E     U
T U T U     C I T Y S C A P E
E     P I N K   R   E   P   X
R A I L   A   H O M I C I D E
A     E N V I E D   Z   N   R
L I N T   E   N   H E I G H T
```

90

```
R E F E R   F A S C I N A T E
A   L   E   L Q   N       I
T R O U S S E A U   V Y I N G
I   R   O   W   A   I   G   H
O R A C L E   I N S T I N C T
N     U   J   D   E   I
A D M I T   A R E A   S T A B
L   U   E   W   R   S   E   A
E A S Y   A B L E   M A D A M
    T   T   R   D   O     B
C L A R I N E T   P O T A T O
R   N   N   A   P   T   C   O
A R G O N   K I L O H E R T Z
F     E   E   O   E   I   L
T A X I D E R M Y   D O D G E
```

91

```
S   P   F   A S T R O D O M E
A U R O R A     A   M   U   A
N   E   I   C O L L E C T O R
D   C   S       O   L   D   L
B R E A K D O W N   E B O N Y
L   D   Y       E   T   O
A V E R   H E A R T T H R O B
S     C       T   E       A
T H O R O U G H L Y   E P I C
  B   M     E   Z   R   K
J U L E P   F R I V O L O U S
U   O   L   L     D   T   T
M A N N E Q U I N   I   E   A
P   G   T   I   W A X I N G
Y E S T E R D A Y   C   N   E
```

92

```
O B J E C T   A B S I N T H E
P   U   I       I   N   R   M
T H R U S T S   K   L E A S E
I   O   S   O V I N E   P   N
M E R C Y   F   N   T R E N D
I   O   M A G I C   Z   S
S H I M M Y   E   L O V E
T   M   T A N G O   O     S
    W A S H   I   U N I Q U E
S   I   S P E E D   C   N
O C T E T   R   X   D E B U T
W   N   O U I J A   O   O   E
I N E R T   S   M O N S O O N
N   S   A   O     O   S   C
G A S O L I N E   W R I T H E
```

Solutions

93

```
Q U E A S Y . O V E R C A M E
U . P . E . J . I . E . L . A
A X I A L . A U D I T I O N S
F . G . L O P . E . C . N . E
F O R . E . E S O P H A G U S
E . A . R . O . U . B . N .
D O M E S T I C . R A B B I T
. Z . A . O . K . G . E . O
K O W T O W . E V E R Y O N E
. N . E . E . T . A . U . M
P E N N I L E S S . P . T I P
A . A . T . N . N I P . L . R
D Y S P E P S I A . O P I N E
R . A . M . U . P . R . N . S
E N L I S T E D . U T T E R S
```

94

```
N I G H T C A P . C O N D O R
. L . A . A . R . O . E . . E
S L A V E D . I N S I G N I A
. S . O . E . S . T . U . . D
M . E C O N O M Y . A S K E D
I . X . . Z . S U R F . A . R
S I C K B A Y . C . F O R C E
S . L . A . O . C . I . A . S
P R A W N . K . A N X I O U S
E . I . J E E R . E . . K . E
L I M B O . S U C R O S E . D
L . E . W . S . V . W . Q .
I N H A L A N T . O P A Q U E
N . R . V . I . U . R . I .
G L A D L Y . C A S E M E N T
```

95

```
. F R A G R A N T . S . W . A
A . R . E . . R H Y M I N G .
F U N G I C I D E . R . S . I
I . U . K . S N I P P E T . A
R E P E L L E N T . N . Y . A
E . L . E . . L A G . . . . D
. Q U A Y S I D E . E L A T E
T . C . S . U . D . . N . . D
A N K L E . B E V E R A G E .
I . . . P I E . X . . E . . D
L . J . S . C O N T R A L T O
P R O V I S O . R . W . . . Z
I . I . L . M O N O L O G U E
P I N H O L E . U . K . . . N
E . T . N . S E A S H E L L .
```

96

```
W A R D R O B E . J A C K A L
R . E . A . . W . F . E . . I
O U T W I T . E G O T I S T S
N . I . N . D . R . . . T . P
G A N G W A Y . O N W A R D .
. . U . A . E . O . . . E . A
A L E R T . S E M I C O L O N
P . . E . . R . A . . A . . T
E M P I R I C A L . P E E V E
X . A . . . O . O . S . Q .
. U N W E L L . F A I L U R E
O . A . . . T . T . Z . E . N
B A C K W A S H . T I E R E D
E . E . E . U . . N . R . . U
Y E A S T Y . G A R G O Y L E
```

Solutions

97

```
K I N G D O M   M A S C A R A
I   A       A   U   M       D
D I S B E L I E F   O K A P I
N   A   M   M   T   C   D   E
A L L I E D   K I N K A J O U
P       T   V   I       U
P   P R I M E V A L   W R E N
E   R   C   T   M   Q   E   I
D O O M   M O R I B U N D   C
    S   I       D   O       K
A S P H Y X I A   S T A M E N
M   E   E   M   Z   E   I   A
B U R K A   P S E U D O N Y M
E       R   E   S       U   E
R E F U S A L   T R U S S E D
```

98

```
C O G N A C   E   H E R E I N
A   A       H E N N A   U   O
N O Z Z L E   T   V   N   T
A   E       E   R H E O S T A T
L   B   F R A Y   N   E     H
  Y O G A   N   J   M A N G E
Q       I N G R A T E   E   N
U S H E R   I   G   A T T I C
A   A   L A N G U I D       E
R O C K Y   A   A   O A T H
T   K   A   G R E W   H   R
O B S E R V E R   P   R   E
  L   M   O   A   O P T I O N
  U   I   I N D E X   L   E
H E A T E D   E   Y E L L O W
```